JN211941

かぎ針で編む
引き揃え編みのニット

CROCHET WITH MULTIPLE
STRANDS OF YARN

日本文芸社

CONTENTS

SCALLOPED COLLAR
スカラップなつけ衿

PHOTO_P.**18**
PATTERN_P.**62**

TWEED LIKE BAG
ツイードライクバッグ

PHOTO_P.**20**
PATTERN_P.**64**

COLLARLESS SHIRTS
ノーカラーシャツ

PHOTO_P.**22**
PATTERN_P.**66**

VEST
ベスト

PHOTO_P.**24**
PATTERN_P.**71**

RUFFLE COLLAR
フリルなつけ衿

PHOTO_P.**26**
PATTERN_P.**73**

SLIM SCARVES
スリムスカーフ

PHOTO_P.**28**
PATTERN_P.**74**

STRAP & SHOUDDER STRAP
ストラップ＆ショルダーストラップ

PHOTO_P.**32**
PATTERN_P.**77**

GLITTER SHOULDER MINI BAG
キラキラミニショルダーバッグ

PHOTO_P.**30**
PATTERN_P.**75**

小さなループヤーンとラメのクロッシェヤー
ンを引き揃えると、立体感のある編み地に。同
系色ならではのなじみのよさがポイントです。
フロントを開けて羽織に、閉めるとシャツとし
て、初夏〜秋まで活躍する1着です。

Design : coral 岡崎優菜
Pattern : p.45

PIPING
SHIRT
パイピングシャツ

BLOCK BAG

ブロックバッグ

2本どりと3本どりで編んだパーツを組み立て
て仕上げるユニークなバッグ。引き揃えならで
はの表情のある編み地を組み立てる、新鮮な
バッグの作り方です。色の組み合わせを考える
のが楽しいバッグです。

Design：日向明子
Pattern：p.48

シャツ／INDIVIDUALIZED SHIRTS（メイデン・カンパニー）
デニムパンツ／UpcycleLino BASIC（アップサイクルリノ／ベーシック）

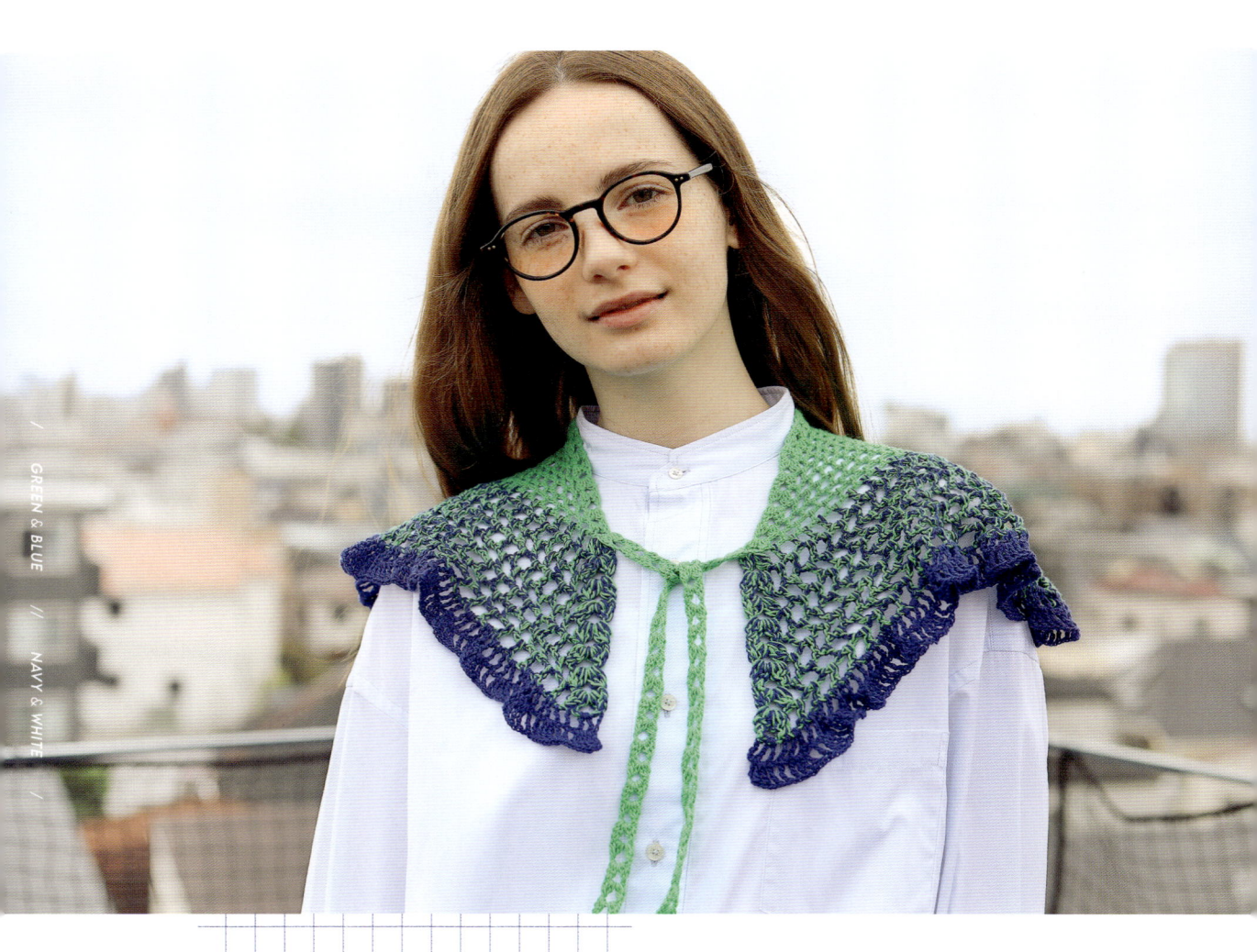

TRIANGLE SHAWL WITH RUFFLE

フリルな
トライアングルショール

スタンドシャツ／TICCA（ティッカ）

DARUMA リネンラミーコットン中細なら2玉で編める3角ミニショール。グリーン×ブルーはリネンコットン、ネイビー×ホワイトはウールのソックヤーンで編んでいます。選ぶ素材次第で、1年中楽しめるパターンです。

Design：今井昌子
Pattern：p.50

シャツ　JAN　MACHENHAUER（メイデン・カンパニー）
パンツ／TICCA（ティッカ）

TWEED LIKE VEST
WITH
SIDE RIBBON
サイドリボンのツイードライクベスト

ウールヤーン2色の引き揃えに、モヘアの風合い
を効かせたコンパクトなベスト。ざくざくと編み
進められます。色の組み合わせによって、模様の
出かたが変わり、同系色でまとめるとベーシック
に（p.38参照）、コントラストのある色を選べば、
華やかな仕上がりになります。

Design : KiiTEEKiiTEEKiiTEE
Pattern : p.52

ロゴTシャツ／ARMEN（ビューティック＆フロリッシュ）
デニムパンツ／Upcycle Lino　BASIC（アップサイクルリノ ベーシック）
フープピアス、パールチョーカー／rapiécage（ラピエセージ）

TWEED LIKE JACKET

ツイードライクジャケット

糸の組み合わせ次第で仕上がりイメージが大きく変わるツイード調の編み地。袖やバックスタイルのシルエットがきれいなジャケットです。p.38では、冬仕様の引き揃え糸案も紹介しています。ぜひ自分だけの1枚を編んでみて。

Design：日向明子
Pattern：p.54

糸の色・素材感・組み合わせを楽しみながら編めるビスチェ。ペールグレーをベースにすることで、配色に一体感が生まれ、パステルカラーを大人にまとめた1着に。合わせるインナーによって異なる表情を見せる、コーディネートも楽しいアイテムです。

Design : tiny C knit 石井千恵美
Pattern : p.57

パンツ／ARMEN（ビューカリック&フロリック）

14

PEPLUM
BUSTIER

ペプラムビスチェ

エコアンダリヤとモヘアを引き揃えたユニークな風合いが楽しめるミニバッグ。モヘアの毛足の長さによって、編み地に表情が出て、1年中楽しめるバッグに。本体のハンドルまたは透け感がかわいいフリルハンドルの2wayで使えます。

Design : KiiTEEKiiTEEKiiTEE
Pattern : p.60

SUMMER BAG
WITH
RUFFLE HANDLES

フリルハンドルバッグ

SCALLOPED COLLAR

スカラップなつけ衿

デニムジャケット/UpcycleLino BASIC（アップサイクルリノ ベーシック）

大人のフェミニンスタイルに合わせたい、スクエア×スカラップデザイン。ストレートヤーンに光沢感のある糸を合わせています。方眼編みをベースとしたプレーンな編み地のパターンなので、お好みの糸の組み合わせで編んでみて。p.38にマルチカラーで編んだスワッチも掲載。

Design : coral 岡崎優菜
Pattern : p.62

立体感のあるパターンを引き揃えで編むことで、さらに編み地に奥行きを出したバッグ。作品は夏糸2本どりですが、冬はモヘアやループヤーンを組み合わせてもかわいい。ゴールドの金具で、こなれた雰囲気に。

Design：星野真美
Pattern：p.64

オーバーオール／Lee（エドウイン）
フーブピアス／rapiécage（ソンブルアンベール）

TWEED LIKE BAG

ツイードライクバッグ

COLLARLESS
SHIRTS

ノーカラーシャツ

パンツ／Yarmo（グラストンベリー）
ピアス／rapiécage（ソンブルファンメール）

縞模様を2本どりで編むことで、引き揃え
をポイント使いに。ベースカラーとポイ
ントカラーの選び方次第で、カジュアル
にもシックにも仕上げられるパターンで
す。リネン×コットンヤーンで、透け感が
ある編み地なので、さらっと涼しく、夏に
活躍する1着です。

Design：今井昌子
Pattern：p.66

シャツ INDIVIDUALIZED SHIRTS (メイデン・カンパニー)
チノパンツ/Nigel Cabourn WOMAN (アマゲー・リミッツ)

VEST

ベスト

太い針でザクザク編み進められ、初心者で
も挑戦しやすいオーバーサイズのベスト。ホ
ワイトのループヤーン×グレーの落ち着いた
トーンの編み地にひとさじのピンクを効かせ
ました。ボーダーのカラーとインナーやソッ
クスをリンクさせて上級者コーデに。

Design：池上　舞
Pattern：p.71

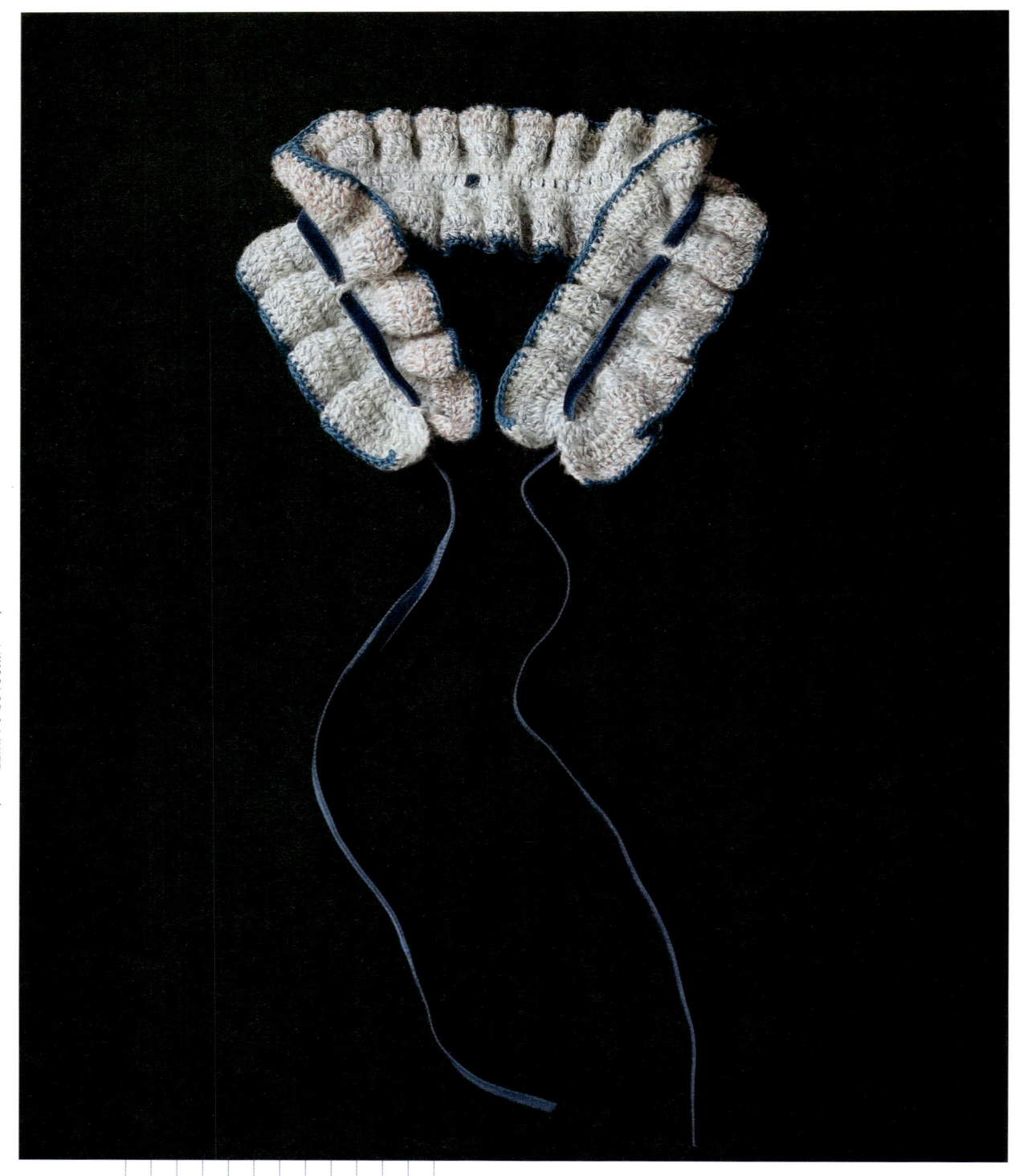

RUFFLE COLLAR

フリルなつけ衿

グラデーションヤーンにホワイトのストレート
ヤーンを引き揃えて、全体をペールトーンに
仕上げ、縁とリボンでポイントカラーを効かせ
た、甘いつけ衿。あえてカジュアルな服と合わ
せて甘辛コーデを楽しんでみて。

Design : pommex
Pattern : p.73

ボーダーカットソー／NOMBRE　IMPAIR（ノンブルアンペール）

SLIM
SCARVES
スリムスカーフ

シャツ／JAN MACHENHAUER（メイデン・カンパニー）
パンツ／TICCA（ティッカ）

途中で引き揃える糸色を変えることで美しい
グラデーションが楽しめるスリムスカーフ。
ヘアアレンジや首周りのアクセントとして
も使えます。薄くしなやかな編み地なので、
バッグのハンドルに巻くのもおすすめ。シン
プルなバッグのおめかしアイテムとしても◎

Design：星野真美
Pattern：p.74

GRITTER SHOULDER MINI BAG

キラキラミニショルダーバッグ

ショルダーはシルバー糸2本どり、本体にもシルバーを引き揃えて編み、さらに小さなシルバーリボンを結んだ、大人もときめくキラキラバッグ。シンプルなネット編みの本体に、ユニークな糸を引き揃えたハンドルをポイント使いしています。

Design : **pommex**
Pattern : p.**75**

30

毎日使うものだから、コーディネートに合わせて選びたいのがスマホストラップ。好みの形×好きな糸の組み合わせで編んでみて。1日で仕上げられるお手軽さもポイント。単色×単色でもカジュアルに使いやすいストラップになります。

Design : coral 岡崎優菜
Pattern : p.77

STRAP
&
SHOULDER
STRAP

ストラップ＆ショルダーストラップ

シャツ／INDIVIDUALIZED SHIRTS（メイデン・カンパニー）
ロゴTシャツ／ARMEN（ビューカリックＳ＆フロリック）
デニムパンツ／UpcycleLino BASIC（アップサイクルリノベーシック）
フープピアス、パールチョーカー／rapiécage（ソフルアンベール）

引き揃え編みとは

引き揃え編みとは、2本以上の糸を1本の糸として編むことです。複数の糸を一緒に編むことで、ミックス調の色が表現できたり、異なる素材を組み合わせて編むと、新鮮な風合いを出すことができ、自分だけのオリジナルの糸を紡いでいるような感覚を楽しめるのが魅力です。

ゲージさえ合えば、2本どりでも3本どりでも大丈夫。1本では細すぎて活用しにくい糸や、単糸では色がしっくりこなかった糸も、他の糸と組み合わせてみると、全く新しい糸として活用できるのも引き揃え編みのおもしろいところです。

しかし、引き揃え糸で編むときに悩ましいのが糸のゲージや針選び。ここでは、編み図のレシピを引き揃え糸で編むときのポイントをご紹介します。

NO. 1 糸の選び方

作品のレシピに載っているゲージを参考にしましょう。指定の本数で編んだときに、ゲージが合い、なおかつ編み地が堅くなりすぎない糸が適しています。ゲージは合っていても、糸の素材や撚りによっては、想像通りの作品に仕上がらないことがあります。まずはスワッチを編んでみて、編み地が作品のイメージと合いそうか確かめましょう。

縦10cmに何段編むか

横10cmに何目編むか

CHECK POINT

☑ 糸の形状

糸の撚りが緩いものとしっかりしているものでは、同じゲージでも仕上がる編み地が大きく変わります。引き揃えは2本以上を一緒に編むため、糸選びの影響が大きく出がちです。

☑ 糸の素材

素材感の異なる糸を合わせると、編み地におもしろい表情が出ることも。モヘアやツイード糸のような糸とシンプルな糸を組み合わせると、風合いに変化が生まれやすいです。

☑ 糸の色

段染め糸と単色の糸を合わせると、段染め糸の濃淡に変化がつけられます。同系色同士を組み合わせてもニュアンスカラーが表現でき、反対色の組み合わせはユニークな編み地になります。

NO. 2 — 針の選び方

引き揃え編みは、単糸よりもゲージに適合させるのが難しいため、いくつかの針で試し編みをするのがおすすめです。2本の糸を合わせた号数より1〜2号細い針が目安です。引き揃える毛糸の素材や形状にもよるため、別の号数でも編んでみて、編み地が理想の堅さになる針を選びましょう。

号数の目安

（糸A ＋ 糸B）ー 1〜2号

例 糸A（5/0号）＋ 糸B（5/0号）ー 2/0号
　　 ＝ 8/0号針から試してみる

例 糸A（3/0号）＋ 糸B（2/0号）ー 1/0号
　　 ＝ 4/0号針から試してみる

CHECK POINT

☑ **針で糸を拾いやすいか**

編むときに針がつっかえるなど糸が拾いにくかったり、編みにくいと感じる場合は針が合っていない可能性があります。針を入れるときに力が必要だったり、編み地が安定しないときは、編み心地も悪いはず。スルスルと編める針を選びましょう。

☑ **編み地が堅いとき**
　➡　針の号数を上げる

☑ **編み地がゆるいとき**
　➡　針の号数を下げる

NO. 3 — 編み方

複数の糸を編むときは、引き出した糸が大体同じ長さになっているかに注意しましょう。1本がツレていたり、たるんだりしていると不揃いな編み地になってしまいます。

CHECK POINT

☑ **糸玉から出ている糸の長さが大体同じくらいになるように**

一方の糸がたゆんでいて、もう一方の糸がひきつれていると、編み地から糸が飛び出していたり、突っ張った感じになってきれいに仕上がりにくいです。これから編む糸が同じ引き出し具合になるよう注意して編みましょう。

☑ **糸を数本揃えて巻くよりは、糸玉から直接引き出して編む方がベター**

糸巻き機で引き揃える場合は、複数の糸のテンション（引っ張り具合）が変わらないように慎重に

道 具

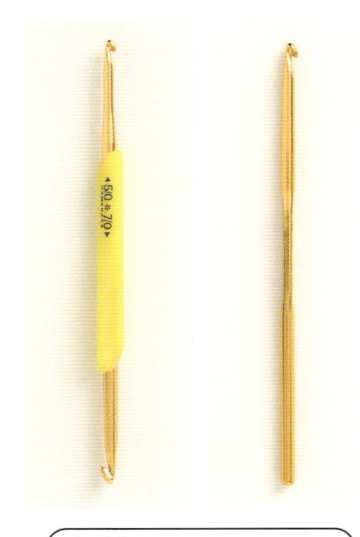

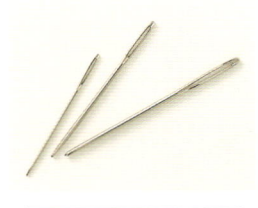

とじ針

先が丸く、縫い針よりも太い針。編み地をとじあわせるときや糸の始末に使用します。

マーカー

目数をカウントするために、編み地につけながら使用します。

かぎ針

指定の号数を使用します。2/0〜10/0号まであり、数字が大きくなるほど針は太くなります。引き揃え編みのように2本以上の糸を一緒に編むときは、p.35「針の選び方」を参考に選びましょう。

はさみ

糸を切るのに使用します。小回りがきく糸切りハサミが便利です。

メジャー

ゲージをはかったり、作品の寸法を測ったりするのに使用します。

ハマナカ

ハマナカ モヘア	アクリル65%、モヘヤ35%、25g玉巻(約100m)、かぎ針4/0号(長編み)19目・10段、全29色、¥528〈税込〉
ハマナカ トプシー	ポリエステル54%、アクリル32%、ナイロン10%、ウール4%、30g玉巻(約115m)、かぎ針5/0号(長編み) 22目・10段、全8色、¥792〈税込〉
ハマナカ かわいい赤ちゃん〈ピュアコットン〉	綿(超長綿)100%、40g玉巻(約120m)、かぎ針3/0〜4/0号 25目・10段、全7色、¥638〈税込〉
ハマナカ コトーネツイード	綿90%、ナイロン10%、30g玉巻(約94m)、かぎ針(長編み)4/0号 23目・9.5段、全12色、¥627〈税込〉
ハマナカ 世界のコットン アメリカループ	綿(スーピマ綿)70%、ナイロン30%、25g玉巻(約86m)、かぎ針5/0号(長編み)20目・9段、全3色、¥495〈税込〉
ハマナカ ウオッシュコットン	綿64%、ポリエステル36%、40g玉巻(約102m)、かぎ針4/0号 22目・10.5段、全31色、¥539〈税込〉
ハマナカ ウオッシュコットン《クロッシェ》	綿64%、ポリエステル36%、25g玉巻(約104m)、かぎ針3/0号(長編み)28目・12段、全31色、¥495〈税込〉
ハマナカ ウオッシュコットン クロッシェ《ラメ》	綿64%、ポリエステル36%(スリット糸使用)、25g玉巻(約96m)、かぎ針3/0号(長編み)28目・12段、全15色、¥539〈税込〉
ハマナカ ブリリアン	綿(超長綿)57%、ナイロン43%、40g玉巻(約140m)、かぎ針4/0〜5/0号24〜26目・10.5〜11段、全18色、価格¥968〈税込〉
ハマナカ ひととせ	綿50%、アクリル50%、25g玉巻(約100m)、かぎ針(長編み)5/0号 21目・10段、全9色、¥528〈税込〉
ハマナカ 洗えるリネン	リネン100%、25g玉巻(約100m)、かぎ針(長編み)3/0号 28目・10.5段、全11色、¥759〈税込〉
ハマナカ エコアンダリヤ	レーヨン100%、40g玉巻(約80m)、かぎ針(長編み)5/0〜7/0号 17目・6段、全38色、¥748〈税込〉
ハマナカ 弥生	レーヨン48%、アクリル36%、分類外繊維(和紙)16%、25g玉巻(約110m)、かぎ針(長編み)4/0号 26目・10段、全6色、¥792〈税込〉

横田(DARUMA)

メリノスタイル並太	ウール(メリノウール)100%、40g(約88m)、かぎ針6/0〜7/0号、全19色、¥935〈税込〉
ランブイエメリノウール	ウール100%(ランブイエメリノウール)、50g(約145m)、かぎ針5/0〜7/0号、全12色、¥1,188〈税込〉
スーパーウォッシュ スパニッシュメリノ	ウール80%(スパニッシュメリノウール・防縮加工)ナイロン20%、50g(約212m)、かぎ針3/0号、全9色、¥1,188〈税込〉
ウールモヘヤ	モヘヤ(キッドモヘヤ36%・スーパーキッドモヘヤ20%)56%・ウール(メリノ)44%、20g(約46m)、かぎ針9/0〜10/0号、全14色、¥869〈税込〉
フロレット	ナイロン 66% ・ ウール(メリノ)24%・モヘヤ(キッドモヘヤ)10%、20g(約44m)、かぎ針8/0〜10/0号、全5色、¥748〈税込〉
ダルシャン極細	アクリル100g、25g(約210m)、かぎ針2/0号(長編み)34〜36目・19〜20段、全28色、¥396〈税込〉
ニッティングコットン	綿100%、50g(約100m)、かぎ針7/0〜8/0号(長編み)14〜17目・7〜9段、全12色、¥825〈税込〉
カーリーコットン	綿 100%、40g(約108m)、かぎ針5/0〜6/0号、全6色、¥1,045〈税込〉
リネンラミーコットン 中細	綿70%・麻(リネン15%・ラミー15%)30%、50g(約201m)、かぎ針3/0号〜4/0号(長編み)25〜27目・11.5〜12.5段、全12色、¥935〈税込〉
ラメのレース糸#30	キュプラ80%・ポリエステル20%、20g(約137m)、レース針2〜4号、全7色、¥792〈税込〉

※糸の情報は2025年1月時点のものです

SWATCH CATALOG

ここでは引き揃え編みの色や素材の組み合わせ見本をご紹介します。
掲載作品の色違いやシーズン違いのスワッチも掲載。
色の組み合わせや素材選び、ゲージなどの参考にしてください。

掲載作品の別糸

P.8 フリルなトライアングルショール

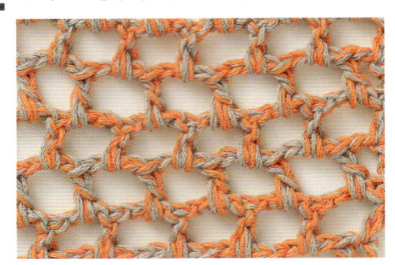

DARUMA リネンラミーコットン中細(111)×(102)

P.10 サイドリボンのツイードライクベスト

DARUMA ランブイエウールメリノ(2)(5)×ウールモヘヤ(6)

P.12 ツイードライクジャケット

DARUMA チュビオットウール(8)×ウールモヘヤ(5)

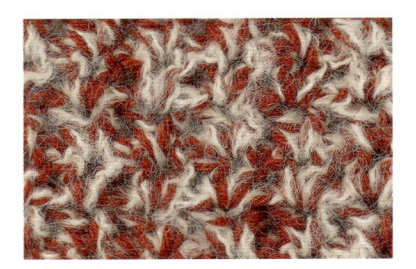

DARUMA ランブイエウールメリノ(8)×ウールモヘヤ(1)

P.18 スカラップなつけ衿

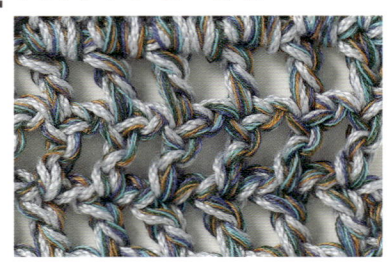

ハマナカ ハマナカ ひととせ(8)×ハマナカ ウオッシュコットン〈クロッシェ〉(7)

P.20 ツイードライクバッグ

ハマナカ ハマナカ コトーネツイード(11)×ハマナカ モヘア(62)

ハマナカ ハマナカ コトーネツイード(1)×ハマナカ モヘア(11)

P.22 ノーカラーシャツ

DARUMA リネンラミーコットン中細(110)×(108)

P.24 ベスト

ハマナカ ハマナカ コロボックル(1)×(4)×ハマナカ モヘア(63)

P.26 フリルなつけ衿

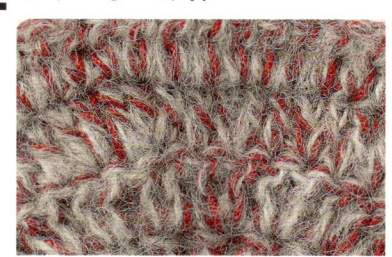

ハマナカ ハマナカ ウォッシュコットン〈クロッシェ〉(145)×ハマナカ ソノモノヘアリー(122)

P.30 キラキラミニショルダーバッグ

DARUMA ランブイエメリノウール(11)×シルクモヘア(2)×ラメのレース糸#30(1)×ダルマミシン糸 イエロー系(2007)

色の組み合わせ

同系色

ハマナカ ハマナカ ソノモノアルパカウール〈並太〉(62)×ハマナカ カミーナループ(105)

反対色

ハマナカ ハマナカアメリーエフ(527)×(506)

手縫い糸やミシン糸を引き揃えても◎

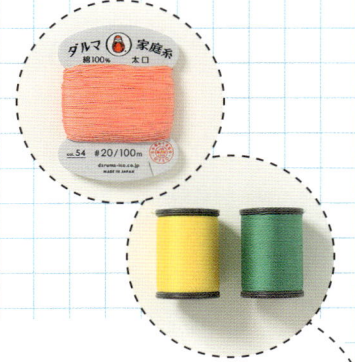

素材の組み合わせ

グラデーションヤーン×単色糸

DARUMA 原毛に近いメリノウール(22)×ウールモヘヤ(2)

ファンシーヤーン×ストレートヤーン

DARUMA dot yarn(4)×ニッティングコットン(15)

サマーヤーン×手縫い糸

DARUMA ストライプス(2)×ダルマ家庭糸 太口(54)

※写真はわかりやすいように一部、糸の色を変えて解説しています。

フリルなトライアングルショール

PATTERN_ **P.50**

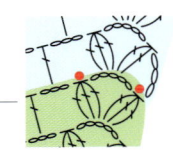

紐の編みつけ方

1 指定位置に針を通して糸を引き出し、針に糸をかけて引き出して、糸をつける。

2 鎖編みを5目編む。

3 玉編みの頭（●印）に引き抜いて編みつける。

4 隣の玉編みの頭に鎖が渡ったところ。

5 鎖3目で立ち上がり、玉編みを編む。

6 続けて鎖編みと長編み3目の玉編みで模様を編む。

7 3段めまで編めたところ。

サイドリボンのツイードライクベスト

PATTERN_ **P.52**

模様の編み方

1 写真左は2段めまで編めたところ。

2 3段めは鎖1目で立ち上がり、細編み1目と鎖1目を編み、●印のところに針を入れる。

3 針に糸をかけて引き出し、2段めの鎖を包むようにして1段めの長編みに長編みを編む。

4 続けて長編みをもう1目編んだところ。

5 鎖編みと束に編む長編みを繰り返して編み進み、端まで編んだら、編み終わりは未完成の細編みを編み、配色糸を引き抜いて編み糸の色を変える。

6 4段めを配色糸で編み終えたところ。

7 同要領で5段めを編み終えたところ。

8 6段めまで編めたところ。

POINT LESSON

Vネックの編み方

1段め

1
1段めは前段の長編みの頭と衿ぐりの1段目1段目から拾って、長編み3目1度で編む。

1段め

2
長編み3目1度が編めたところ。

表引き上げ編み　**2段め**

3
2段めは、すべて表引き上げ編みで3目1度をする。

2段め

4
表引き上げ編み3目1度が編めたところ。

裏　表　裏　**3段め**

5
写真のように裏引き上げ編みと表引き上げ編みを交互に編み、3目を一度に引き抜く。

3段め

6
裏と表の引き上げ編み3目1度が編めたところ。

表　表　表　**4段め**

7
4段めはすべて表引き上げ編みを編む。

4段め

8
表引き上げ編み3目一度が編めたところ。

ブロックバッグ

PATTERN_ *P.48*

本体の組み立て方

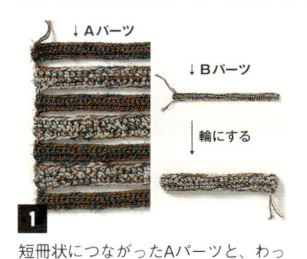

↓Aパーツ
↓Bパーツ
輪にする

1
短冊状につながったAパーツと、わっか状のBパーツをそれぞれ編む。短冊パーツは3本どりと2本どり、わっかパーツ2本どりで編む。

1段め

2
写真のように、わっかのBパーツを短冊に交互に通していく。

2段め

3
2段めは1段めと凹凸が逆になるように編み地を組んでいく。

2段め

4
2段めまで組めたところ。同要領で5段めまで組めたら繰返し、今度は底から入れ口に向かって編み地を組む。

入れ口の引き抜きとじ

1
本体の内側から針を入れ、とじ糸を引き出す。

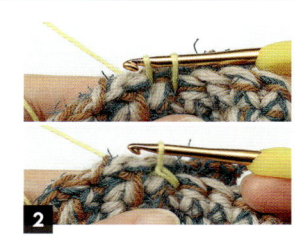

2
(写真上)次の目に針を入れ、引き出した糸を矢印のように引き抜く。
(写真下)引き抜きとじが1目できた。

3
同要領で、Aの編み地のaは4目、bは1ブロックあたり6目を目安に引き抜きとじをする。

4
3ブロック分とじたところ。

フリルハンドルバッグ | PATTERN_P.60

持ち手の編み方

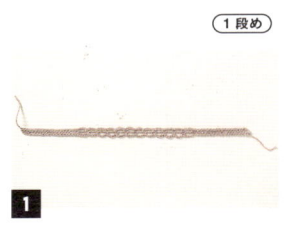

1 1段めを編む。

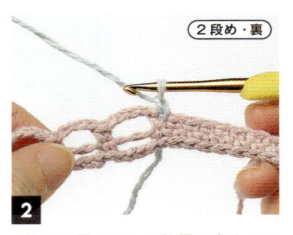

2 2段めの編みはじめ位置に糸をつける。

3 細編みを6目編む。

4 続けて鎖編を4目編む。

5 表に返して、4目先の細編みに引き抜き編みをする。

6 再び裏返して、裏面を見ながら鎖1目で立ち上がり、細編みを編む。

7 続けて鎖編みを3目編む。

8 鎖編みを束に拾って細編みを編む。鎖編み3目のピコットが編めたところ。

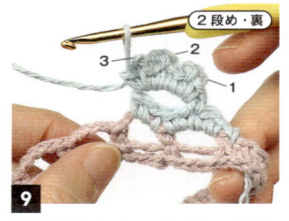

9 鎖編み3目のピコットが3つ編めたところ。

10 続けて細編みを2目編んだところ。これを端まで繰り返して、フリル部分を編む。

ツイードライクバッグ | PATTERN_P.64

長々編みの引き上げ編み

1 針に2回糸をかけ矢印のように矢印のように針を入れる。

2 細編みを3段飛ばして4段下の長々編みの引き上げ編みに針を入れ、矢印のように糸をかけて引き出す。

3 糸を引き出したところ。長々編み(p.78参照)の要領で矢印の手順で編む。

4 長々編みの引き上げ編みが編めた。

ノーカラーシャツ

PATTERN_P.66

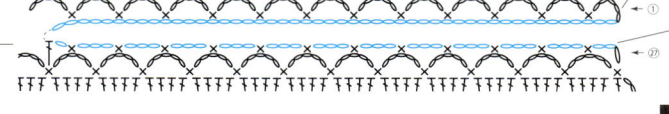

スリットの編み方

1 スリット部分は、途中までは下の模様と同様に目を拾い、指定位置から先は鎖を49目編んで、休ませておく。

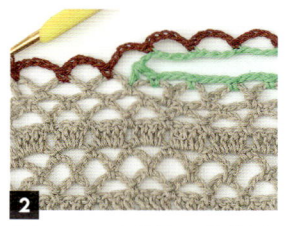

2 休ませておいた鎖編みに模様を編み、スリット部分まで編めたら、続けて本体の編み地に編み続ける。

スマホショルダー

PATTERN_P.77

2段めの模様の編み方

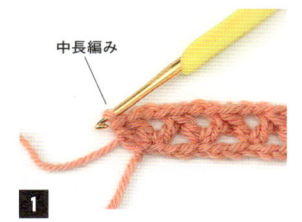

1 1段めが編めたところ。最後の目は中長編み。

中長編み

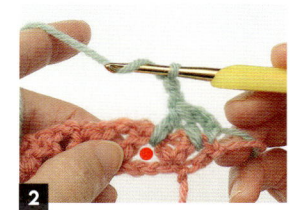

2 2段めは1段めの長編み2目一度の間（●）を拾って未完成の長編みを編む。

3 未完成の長編みを針にかけたまま、次の目（●）に長編みを編む。

4 2つ未完成の長編みができたところ。針先に糸をかけて引き抜く。

5 長編み2目1度ができたところ。

6 2〜5を繰り返して、2段めの端まで編み、糸始末をする。

3段めの縁のスカラップの編み方

1 2段めの長編み2目1度の頭に細編みを編む。

2 鎖2目で立ち上がり、中長編みを編む。

3 2と同じ目に中長編みを2目編み入れ、次の長編み2目1度の頭に細編みを編む。

4 本体2段と縁編みが編めたところ。

POINT LESSON

スマホショルダー | PATTERN_P.**77**

ナスカンのつけかた

1 編みはじめに残しておいた糸を針にかけ、ナスカンを通し、針に糸をかけ、矢印のように引き抜く。

2 ナスカンが本体についた。

3 本体の中長編みの足を束にすくって、糸をかけて矢印のように引き出し、細編みを編む。

4 細編みが1目編めたところ。

5 写真のように編み地とナスカンを一緒に拾って細編みを編む。

6 細編みを数目編んだところ。

7 ナスカンがついたところ。

POINT LESSON

かぎ針編みのつなぎ方

巻きはぎ -

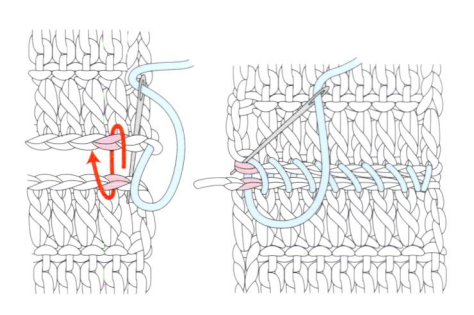

すくいとじ -

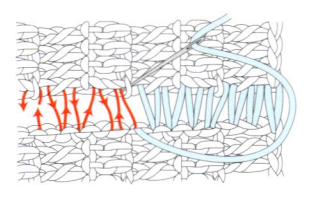

巻きかがり -

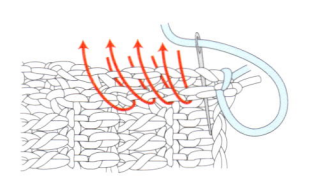 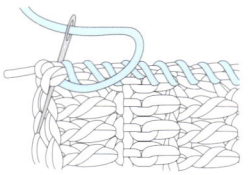

パイピングシャツ

PHOTO_ P.**4**-**5**

糸

ハマナカ ウオッシュコットンクロッシェ《ラメ》/ホワイトラメ(401) 300g、ハマナカ ウオッシュコットンクロッシェ《ラメ》/ブラックラメ (412) 30g
ハマナカ 世界のコットン アメリカループ/クリーム(301) 300g

針

かぎ針5/0号、6/0号

その他の材料

ボタン(12mm) 4個

ゲージ(10cm角)

模様編み(かぎ針5/0号)=22目10段
長編み(かぎ針6/0号)=18目10段

でき上がりサイズ

胸囲52cm、背肩幅52㎝、着丈54cm、袖丈21cm

作り方

※指定糸以外はウオッシュコットンクロッシェ《ラメ》のホワイトラメと世界コットンアメリカループのクリームの引き揃えで編む。

1_ 前後身頃を模様編みで編み、肩下がり部分は長編みで編む。

2_ 袖も身頃と同じように模様編みを増減なく編む。

3_ 肩をウォッシュコットンクロッシェ《ラメ》のホワイトラメ1本で引き抜きはぎする。

4_ 衿はかぎ針6/0号で身頃の表を見て目を拾い、両側で増し目をしながら長編みで編む。衿の縁編みを衿の表を見てウォッシュコットンクロッシェのブラックラメの2本どりで編む。

5_ 脇と袖下をウォッシュコットンクロッシェ《ラメ》のホワイトラメ1本ですくいとじでとじる。

6_ 左右前身頃から目を拾い、前立ての細編みを3段編む。左前立てにボタンホールを作る。

7_ ウオッシュコットンクロッシェ《ラメ》のブラックラメを2本どりにして左前立て衿先にで糸をつけて、左前立て、裾、右前立てと続けて細編みで縁編みを編む。

8_ 袖口も同様にウオッシュコットンクロッシェ《ラメ》のブラックラメを2本どりで縁編みの細編みを1段編む。

9_ 袖をウオッシュコットンクロッシェ《ラメ》のホワイトラメ1本どりで身頃に引き抜きでつける。

10_ ボタンを指定位置につける。

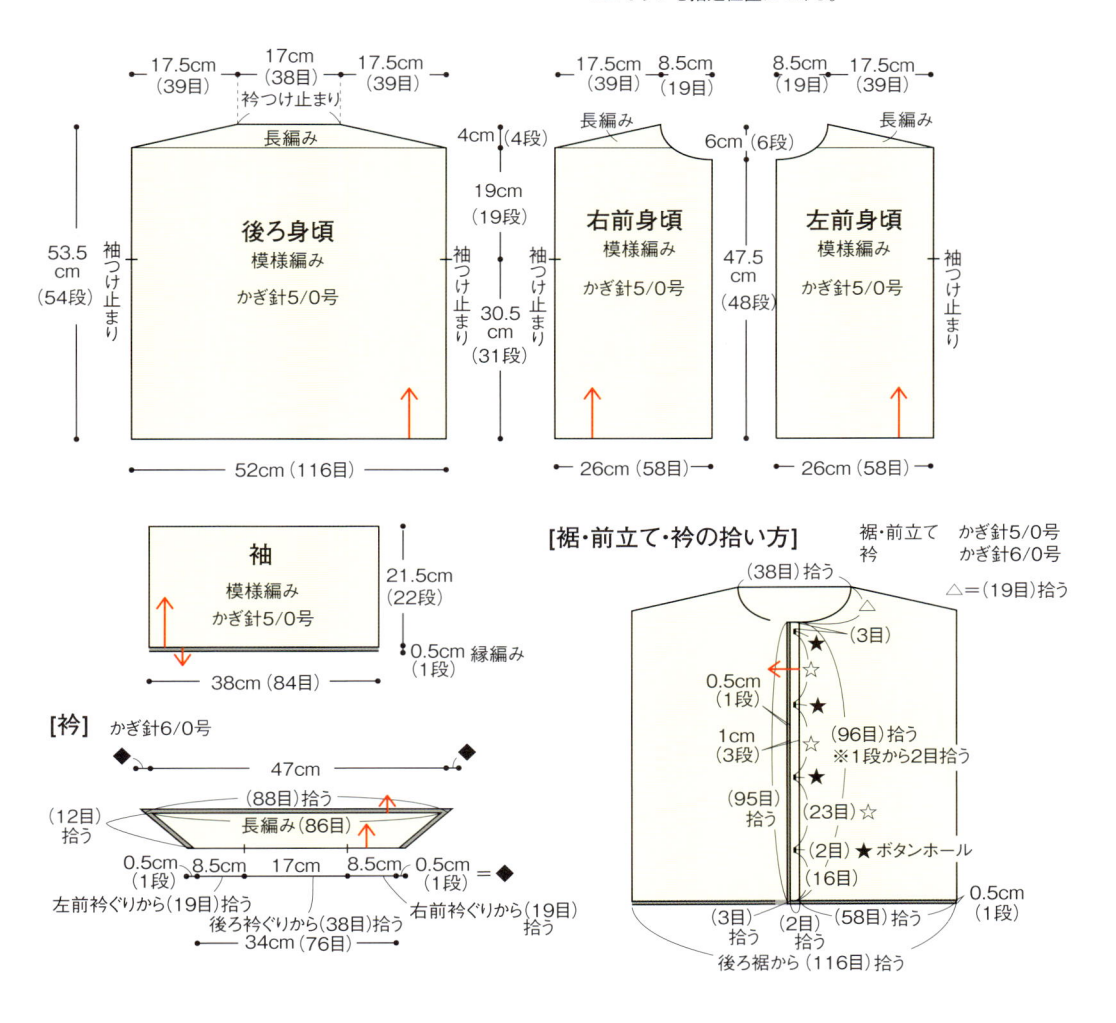

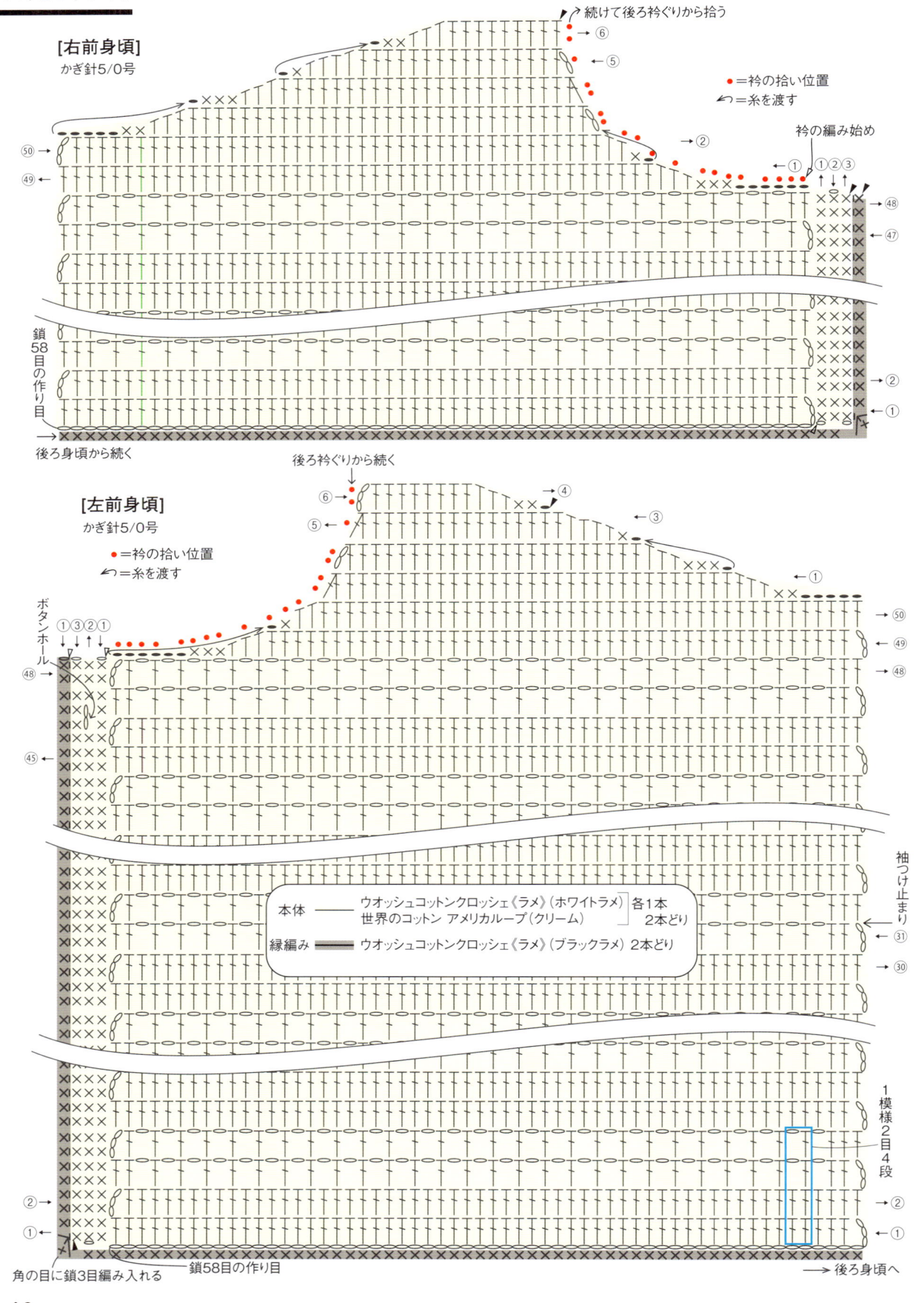

[右前身頃]
かぎ針5/0号

続けて後ろ衿ぐりから拾う

●=衿の拾い位置
↰=糸を渡す

衿の編み始め

鎖58目の作り目

後ろ身頃から続く

[左前身頃]
かぎ針5/0号

●=衿の拾い位置
↰=糸を渡す

後ろ衿ぐりから続く

ボタンホール

袖つけ止まり

本体	──	ウオッシュコットンクロッシェ《ラメ》（ホワイトラメ）	各1本
		世界のコットン アメリカルーブ（クリーム）	2本どり
縁編み	━━	ウオッシュコットンクロッシェ《ラメ》（ブラックラメ）2本どり	

1模様2目4段

鎖58目の作り目

角の目に鎖3目編み入れる

後ろ身頃へ

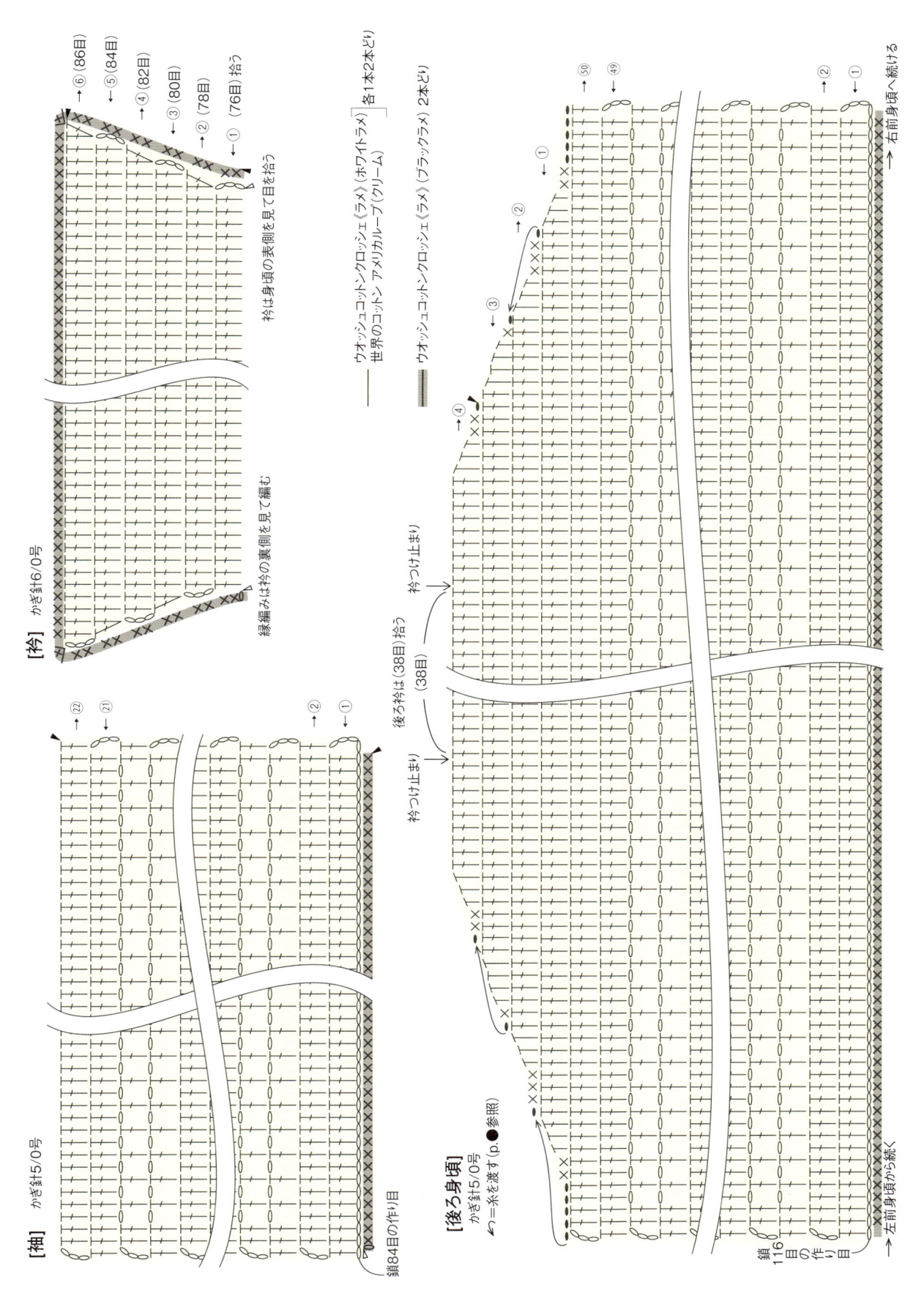

[衿] かぎ針6/0号

⑥(86目)
⑤(84目)
④(82目)
③(80目)
②(78目)
①(76目)拾う

衿は身頃の表側を見て目を拾う

縁編みは衿の裏側を見て編む

ウォッシュコットンクロッシェ《ラメ》（ホワイトラメ）
世界のコットン アメリカルーフ（クリーム） 各1本2本どり
ウォッシュコットンクロッシェ《ラメ》（ブラックラメ） 2本どり

⑩
⑨

②
①
→ 右前身頃へ続ける

①

②

⑬

④

後ろ衿は（38目）拾う
（38目）

衿つけ止まり
衿つけ止まり

[袖] かぎ針5/0号

㉒
㉑

②
①

鎖84目の作り目

[後ろ身頃] かぎ針5/0号
←＝糸を渡す（p.●参照）

→ 左前身頃から続く

鎖116目の作り目

47

糸

DARUMA メリノスタイル極太/オートミール(312) 80g
DARUMA カーリーコットン/イエロー(2) 80g
DARUMA ランブイエウールコットン/イエロー(3) 100g

針

かぎ針7/0号、10/0号

ゲージ(10㎝角)

カーリーコットン×ランブイエウールコットンの引き揃え(かぎ針7/0号)17目3段が2cm
カーリーコットン×ランブイエウールコットン×メリノスタイル極太の引き揃え(かぎ針10/0号) 11.5目3段が3.5cm

でき上がりサイズ

幅20cm、深さ20cm

作り方

● **Aパーツの編み方**

1_ かぎ針7/0号でカーリーコットンとランブイエウールコットンの引き揃えで鎖68目を作り目し、細編みを3段編んで鎖を1目編む。

2_ かぎ針を10/0号に替え、メリノスタイル極太を足して3本の引き揃えで鎖46目作り目し、細編みを3段編んで、鎖を1目編む。

3_ メリノスタイル極太をカットして糸始末をし、残り2本の引き揃えで、針を7/0号に戻して68目で細編み3段、鎖1目編む。(Aの編み地)

4_ **2**と**3**をあと2回くり返し、すだれ状の編み地が7本できたら、糸を切る。

● **Bパーツの編み方**

5_ カーリーコットンとランブイエウールコットン、メリノスタイル極太を3本どりでかぎ針10/0号で5本編み、編み始めと編み終わりをとじて、わにする。(Bの編み地)

6_ Bの編み地にAを通し、図を参照して編み地どうしを組み、袋状にする。袋状になった入れ口部分にカーリーコットンとランブイエウールコットン

7_ を2本どりにして、引き抜き編みを指定目数をぐるりと編んでAとBの編み地を編みとめる。

8_ カーリーコットンとランブイエウールコットンを各1本2本どりでえびコードを2本編み、指定位置に縫いつける。

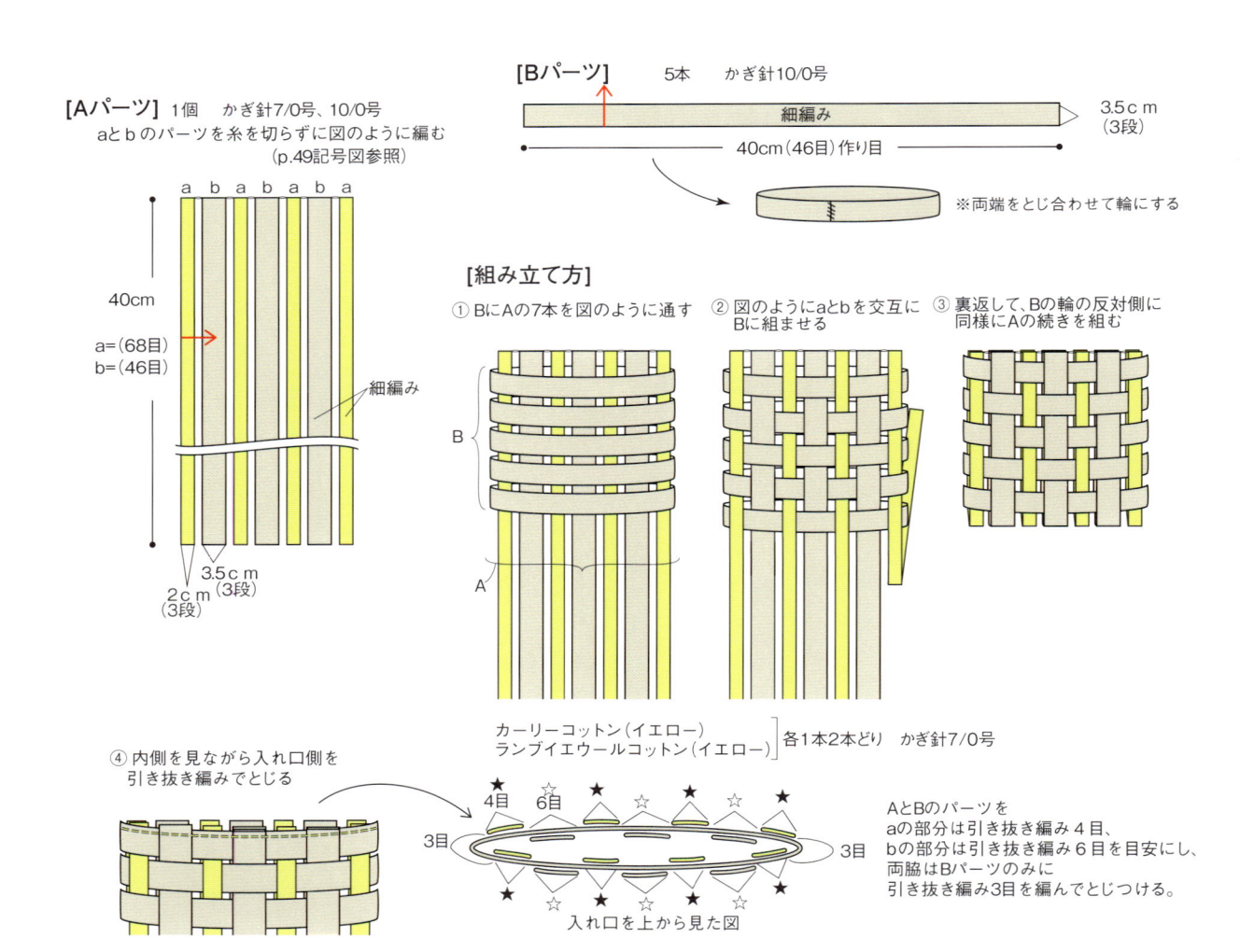

[Aパーツ] 1個　かぎ針7/0号、10/0号
aとbのパーツを糸を切らずに図のように編む
(p.49記号図参照)

a b a b a b a

40cm
a=(68目)
b=(46目)
細編み

3.5㎝(3段)
2㎝(3段)

[Bパーツ]　5本　かぎ針10/0号
細編み　3.5cm(3段)
40cm(46目)作り目
※両端をとじ合わせて輪にする

[組み立て方]

① BにAの7本を図のように通す
② 図のようにaとbを交互にBに組ませる
③ 裏返して、Bの輪の反対側に同様にAの続きを組む

B
A

④ 内側を見ながら入れ口側を引き抜き編みでとじる

カーリーコットン(イエロー)
ランブイエウールコットン(イエロー) 各1本2本どり　かぎ針7/0号

4目　6目
3目
3目

入れ口を上から見た図

AとBのパーツを
aの部分は引き抜き編み4目、
bの部分は引き抜き編み6目を目安にし、
両脇はBパーツのみに
引き抜き編み3目を編んでとじつける。

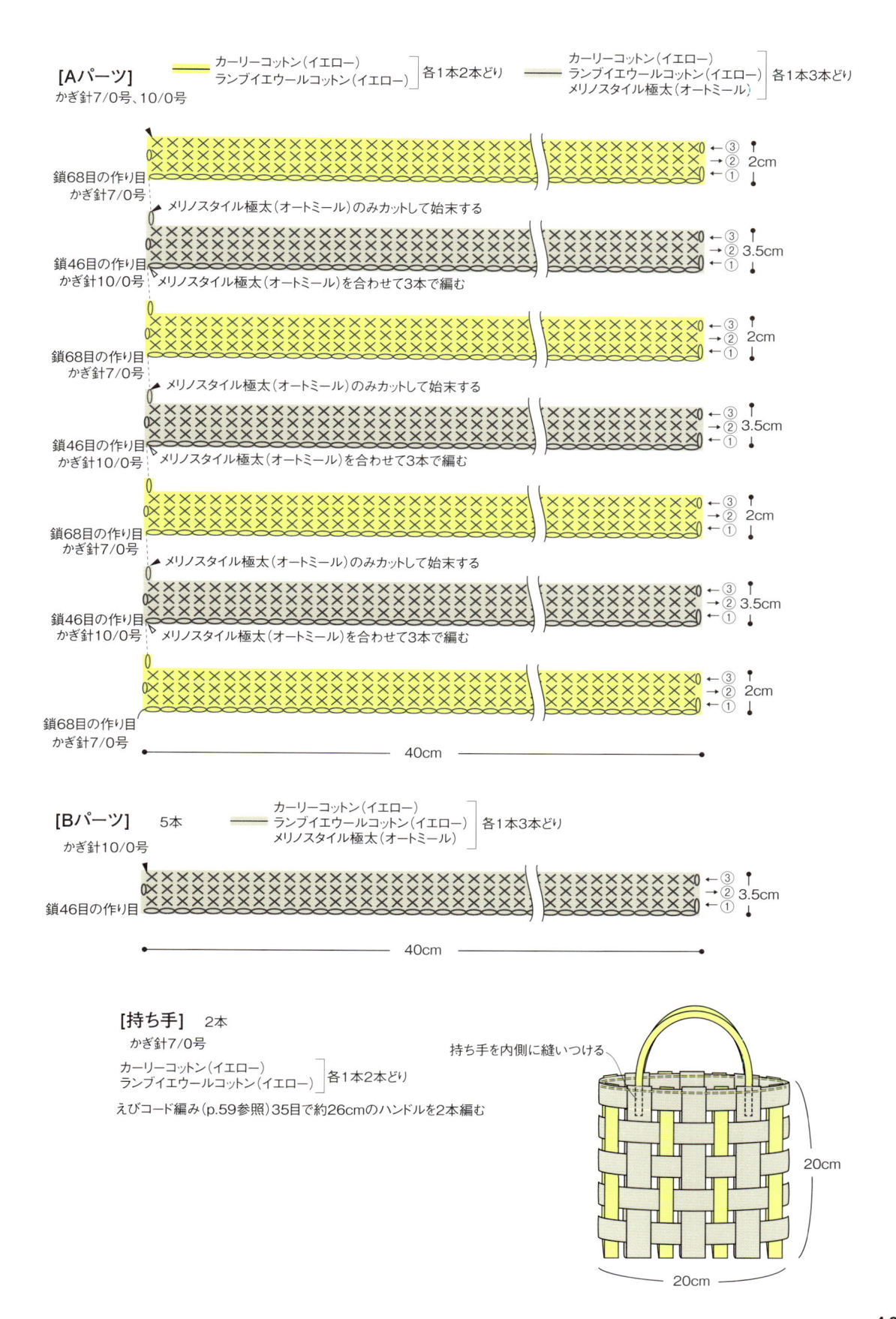

[Aパーツ]
かぎ針7/0号、10/0号

カーリーコットン（イエロー）／ランブイエウールコットン（イエロー） 各1本2本どり
カーリーコットン（イエロー）／ランブイエウールコットン（イエロー）／メリノスタイル極太（オートミール） 各1本3本どり

鎖68目の作り目
かぎ針7/0号

←③／→②／←① 2cm

メリノスタイル極太（オートミール）のみカットして始末する

鎖46目の作り目
かぎ針10/0号

←③／→②／←① 3.5cm

メリノスタイル極太（オートミール）を合わせて3本で編む

鎖68目の作り目
かぎ針7/0号

←③／→②／←① 2cm

メリノスタイル極太（オートミール）のみカットして始末する

鎖46目の作り目
かぎ針10/0号

←③／→②／←① 3.5cm

メリノスタイル極太（オートミール）を合わせて3本で編む

鎖68目の作り目
かぎ針7/0号

←③／→②／←① 2cm

メリノスタイル極太（オートミール）のみカットして始末する

鎖46目の作り目
かぎ針10/0号

←③／→②／←① 3.5cm

メリノスタイル極太（オートミール）を合わせて3本で編む

鎖68目の作り目
かぎ針7/0号

←③／→②／←① 2cm

40cm

[Bパーツ] 5本
かぎ針10/0号

カーリーコットン（イエロー）／ランブイエウールコットン（イエロー）／メリノスタイル極太（オートミール） 各1本3本どり

鎖46目の作り目

←③／→②／←① 3.5cm

40cm

[持ち手] 2本
かぎ針7/0号

カーリーコットン（イエロー）／ランブイエウールコットン（イエロー） 各1本2本どり

えびコード編み（p.59参照）35目で約26cmのハンドルを2本編む

持ち手を内側に縫いつける

20cm

20cm

49

フリルなトライアングルショール

PHOTO_**P.8-9**

POINT LESSON_**P.40**

（糸）

A DARUMA リネンラミーコットン中細/ブライトグリーン(105)…
48g、ロイヤルブルー(104)…44g

B DARUMA スーパーウォッシュ スパニッシュメリノ/ダークネイビー
(107)…48g、きなり(101)…46g

（針）

A かぎ針3/0号(1本どり)、5/0号(引き揃え)

B かぎ針4/0号(1本どり)、6/0号(引き揃え)

（ゲージ(10cm角)）

A・B

模様編みA=33目11段

模様編みA'=27目9段

（でき上がりサイズ）

A 長さ約70cm、幅約32cm

B 長さ約68cm、幅約31cm

（作り方）

1_ a色1本どりで鎖6目を輪にし、増目をしながら模様編みAを16段編む。

2_ a色とb色を引き揃え模様編みA'を8段編む。

3_ b色1本どりで縁編みを編む。

4_ ひもをa色1本どりで指定位置に編み付ける。

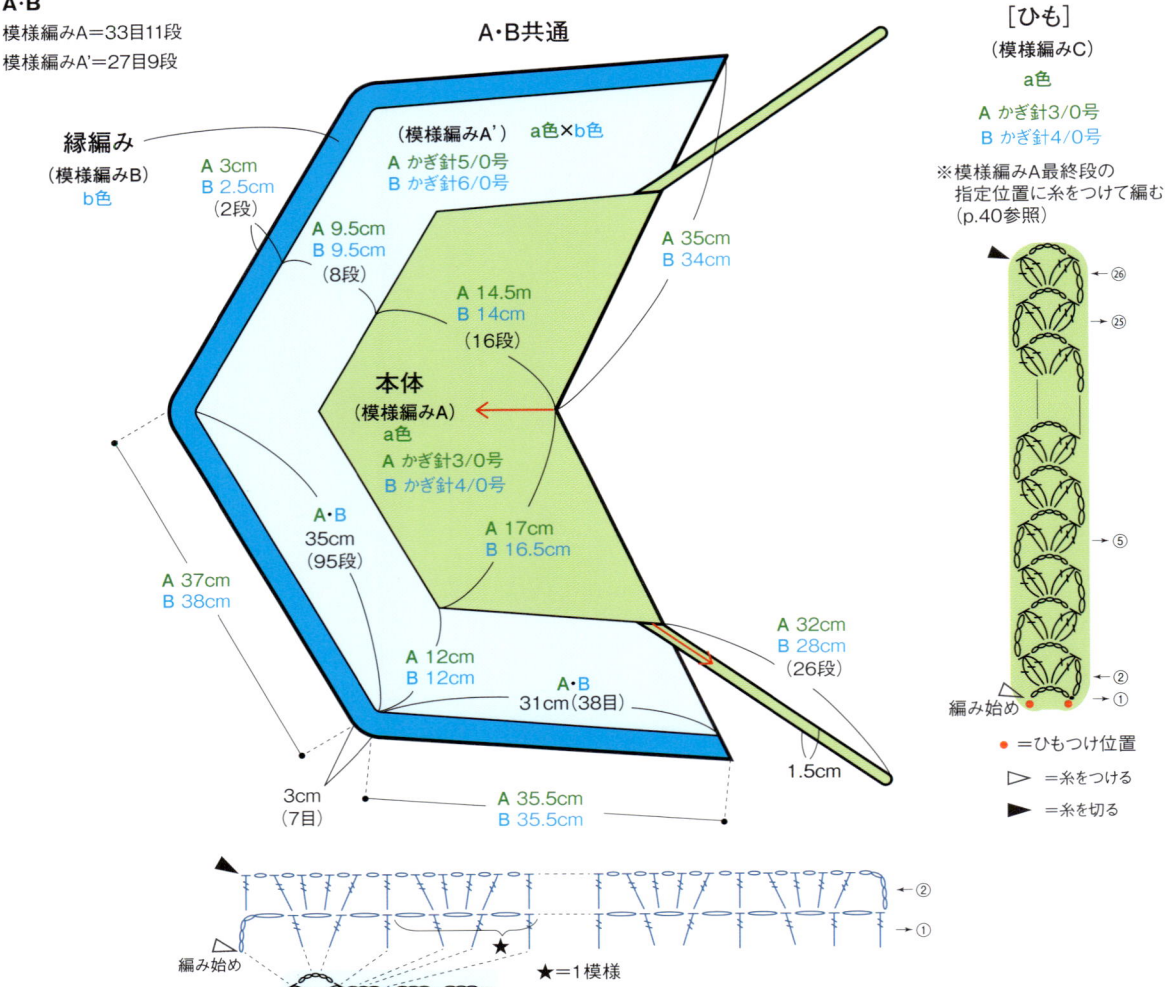

A・B共通

縁編み
（模様編みB）
b色

（模様編みA'）
a色×b色
A かぎ針5/0号
B かぎ針6/0号

A 3cm
B 2.5cm
(2段)

A 9.5cm
B 9.5cm
(8段)

A 14.5m
B 14cm
(16段)

A 35cm
B 34cm

本体
（模様編みA）
a色
A かぎ針3/0号
B かぎ針4/0号

A・B
35cm
(95段)

A 17cm
B 16.5cm

A 37cm
B 38cm

A 12cm
B 12cm

A・B
31cm(38目)

A 32cm
B 28cm
(26段)

3cm
(7目)

A 35.5cm
B 35.5cm

1.5cm

［ひも］
（模様編みC）
a色
A かぎ針3/0号
B かぎ針4/0号

※模様編みA最終段の
指定位置に糸をつけて編む
(p.40参照)

← 26
→ 25
→ 5
← 2
→ 1

編み始め

● =ひもつけ位置

▷ =糸をつける

► =糸を切る

編み始め

★=1模様

→ ②
→ ①
→ ⑧

配色表

	A リネンラミーコットン	B スーパーウォッシュスパニッシュメリノ
模様編みA ひも	a色:ブライトグリーン 1本どり	a色:ダークネイビー 1本どり
模様編みA'	a色:ブライトグリーン b色:ロイヤルブルー 〕各1本 2本どり	a色:ダークネイビー b色:きなり 〕各1本 2本どり
縁編み	b色:ロイヤルブルー 1本どり	b色:きなり 1本どり

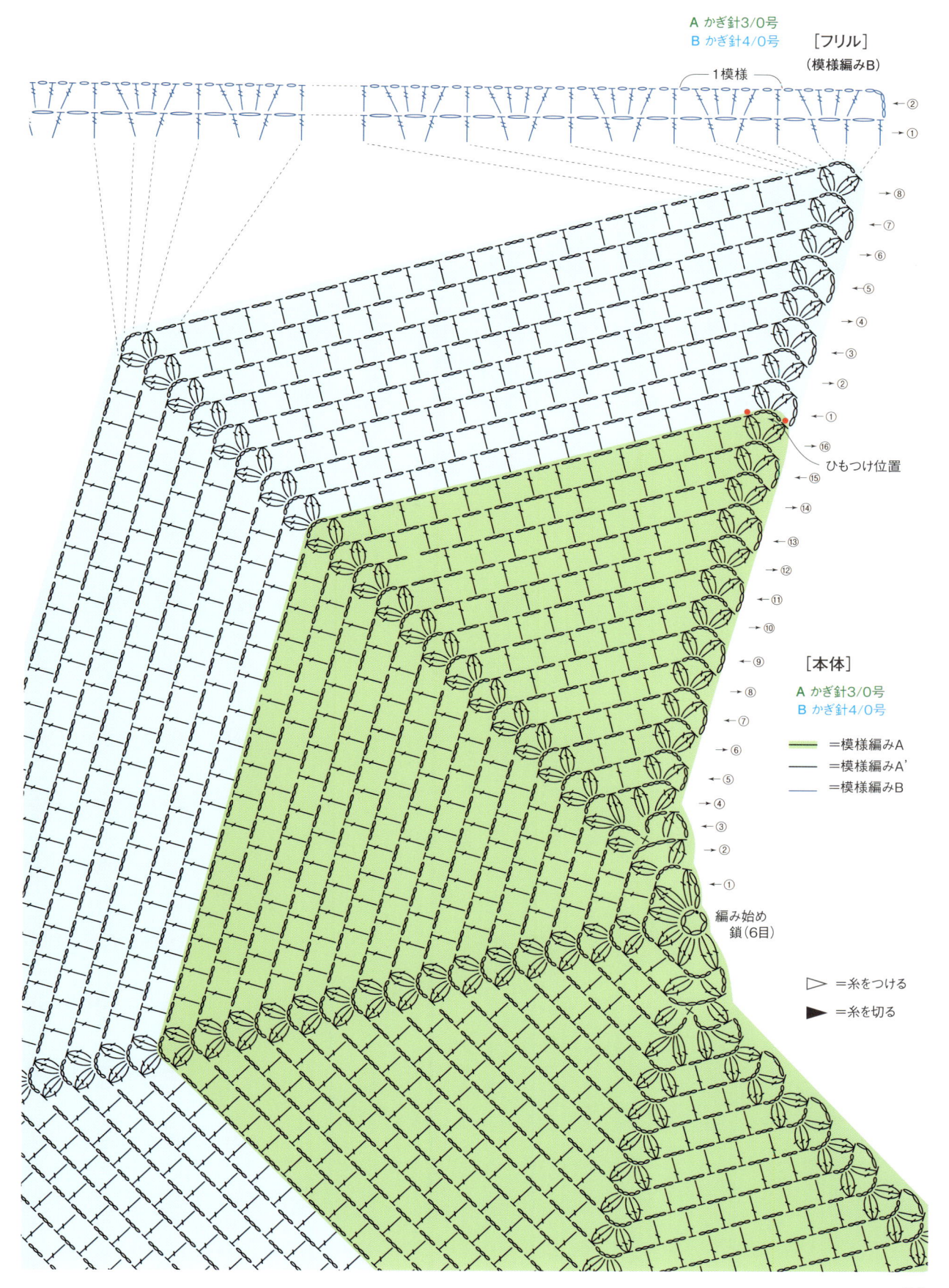

[フリル]
（模様編みB）

A かぎ針3/0号
B かぎ針4/0号

1模様

→②
→①

→⑧
←⑦
→⑥
←⑤
→④
→③
→②
→①

⑯
←⑮
←⑭
←⑬
←⑫
←⑪
←⑩
⑨

ひもつけ位置

[本体]

A かぎ針3/0号
B かぎ針4/0号

＝模様編みA
＝模様編みA'
＝模様編みB

→⑧
←⑦
→⑥
←⑤
→④
←③
→②
←①

編み始め
鎖（6目）

▷ ＝糸をつける
► ＝糸を切る

51

サイドリボンのツイードライクベスト

糸

DARUMA ランブイエメリノウール/エバーグリーン (4) 120g・きなり
(1) 90g
DARUMA ウールモヘヤ/ベージュ (2) 120g

針

かぎ針10/0号、7/0号

ゲージ（10cm角）

模様編み=12.5目10段

でき上がりサイズ

身幅34cm、着丈37.5cm

作り方

1_ 前後身頃とも、ランブイエメリノウールのきなりとエバーグリーン、ウールモヘヤのベージュの3本どりで鎖42目で作り目をし、鎖半目と裏山を拾ってランブイエメリノウールのきなり、エバーグリーンとウールモヘヤ各1本のベージュ3本どりとウールモヘヤのベージュの2本どりで配色をしながら編む。

2_ 肩をランブイエメリノウールのきなりとエバーグリーンの2本どりですくいはぎでとじる。

3_ 衿ぐりはランブイエメリノウールメリノウールのきなりとエバーグリーンで拾い目をし、減目をしながら縁編みを編む。

4_ 裾は作り目の鎖の残り半目から指定糸で目を拾い、縁編みを編む。

5_ ランブイエメリノウールメリノウールの1本どりでリボンを4本編み、前後身頃の指定位置に縫いつける。

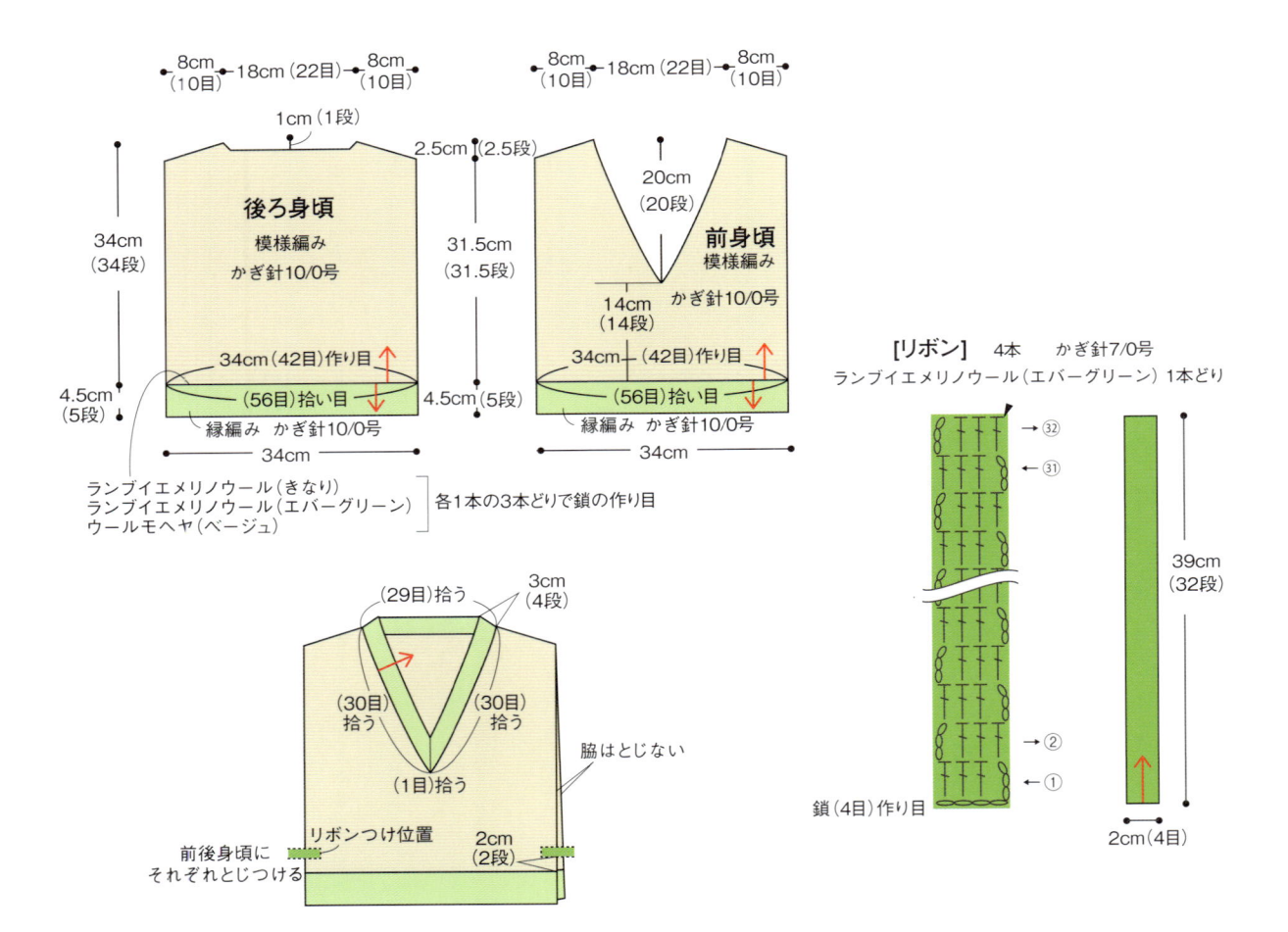

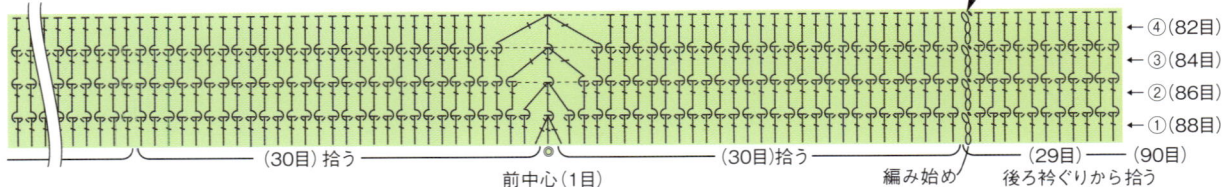

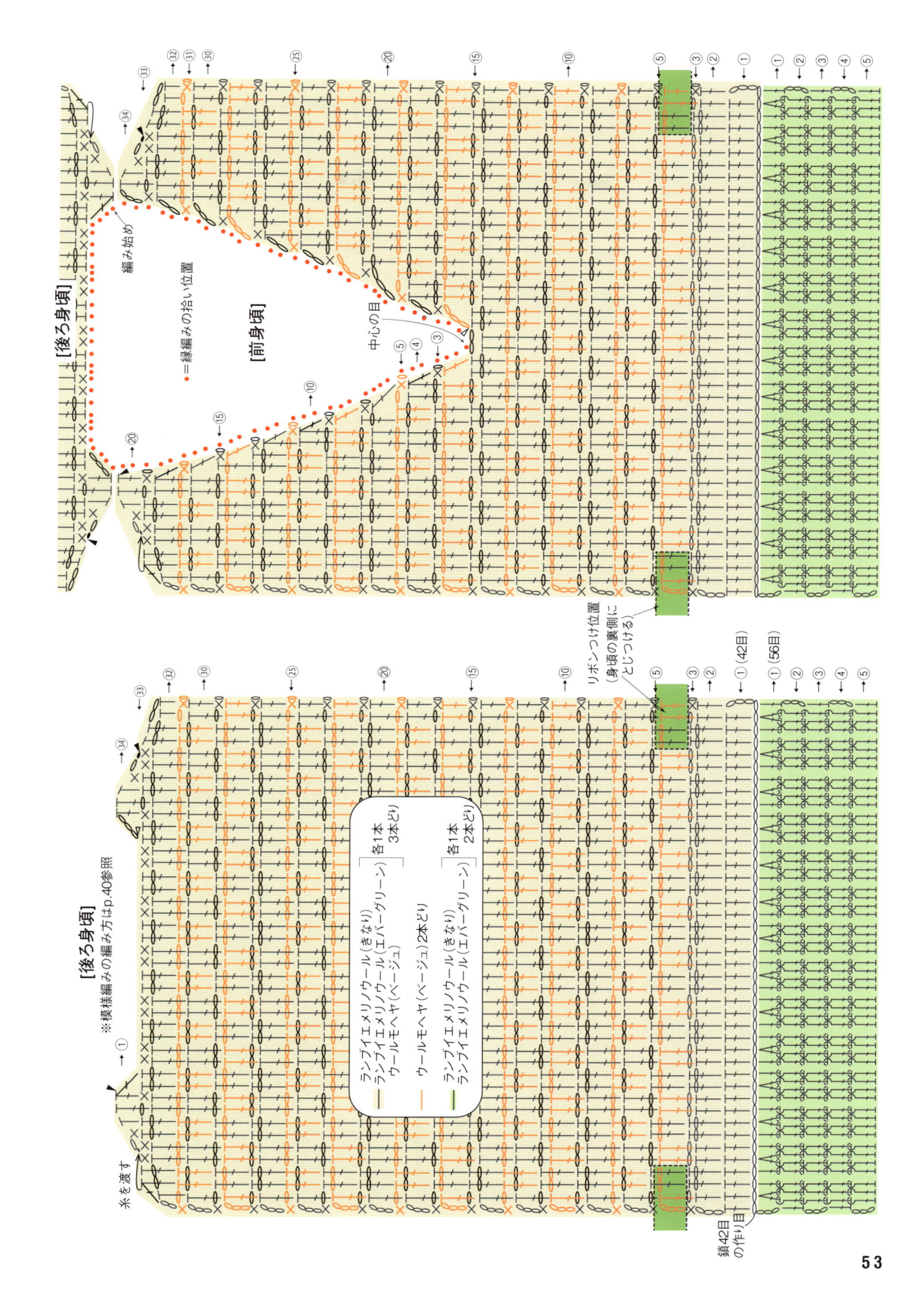

ツイードライクジャケット

【糸】

DARUMA ニッティングコットン/ネイビー(7)…450g
DARUMA カーリーコットン/ミストホワイト(1)…320g

【その他の材料】

カギホック(15mm) 8組

【針】

かぎ針8/0号

【ゲージ(10cm角)】

16目7.5段

【でき上がりサイズ】

着丈43cm、胸囲111cm、肩幅56.5cm、袖丈(袖下) 37cm

【作り方】

1_ 身頃は鎖の作り目で模様編みを編む。前身頃は同じものを2枚編み、1枚は裏を表として使用する。

2_ 前後身頃を中表に合わせ肩を引き抜きはぎ、脇を引き抜きとじにする。

3_ アームホールに細編みを輪編みで1段編み、続けて袖を輪編みで編

4_ む。

5_ 裾、前立て、衿にぐるりと縁編みをし、裾のみもう1段縁編みをする。前立て裏にカギホックを8組、指定の間隔で縫いつけて仕上げる。

[後ろ身頃・前身頃・袖]

ニッティングコットン ┐
カーリーコットン   ┘ 各1本 2本どり

すべてかぎ針8/0号

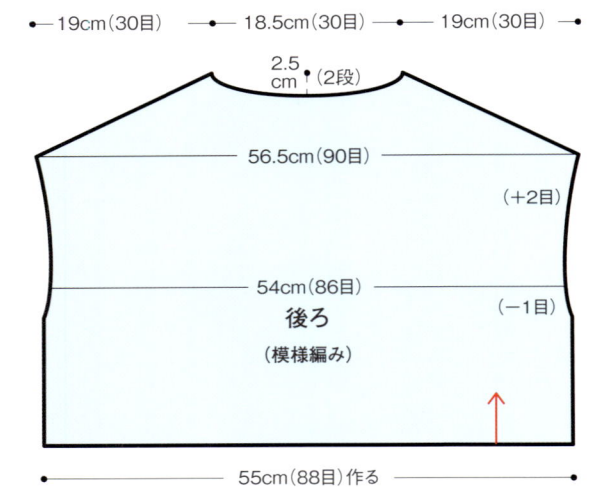

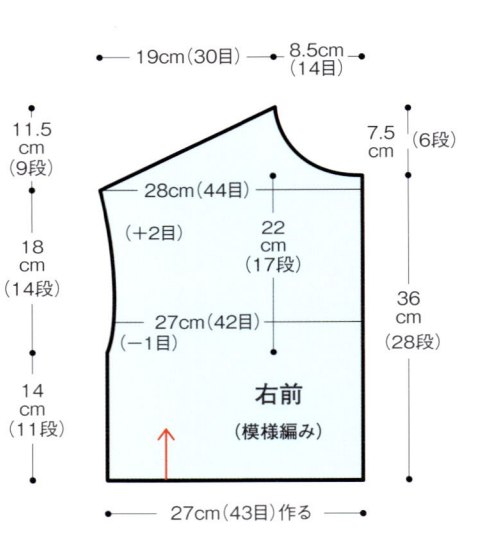

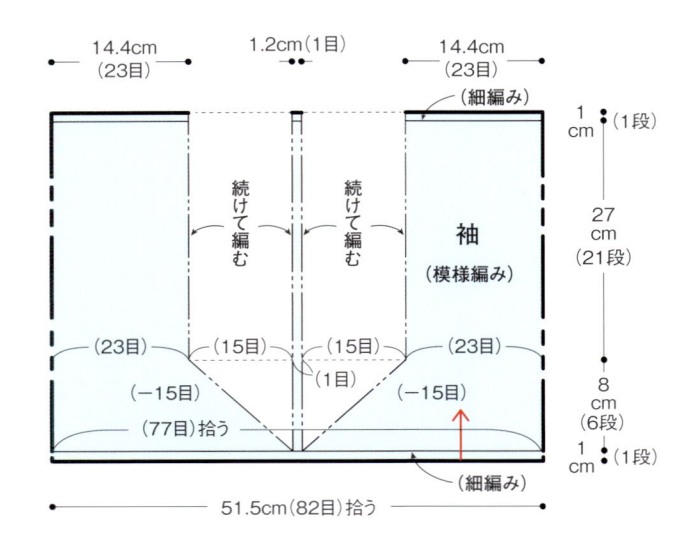

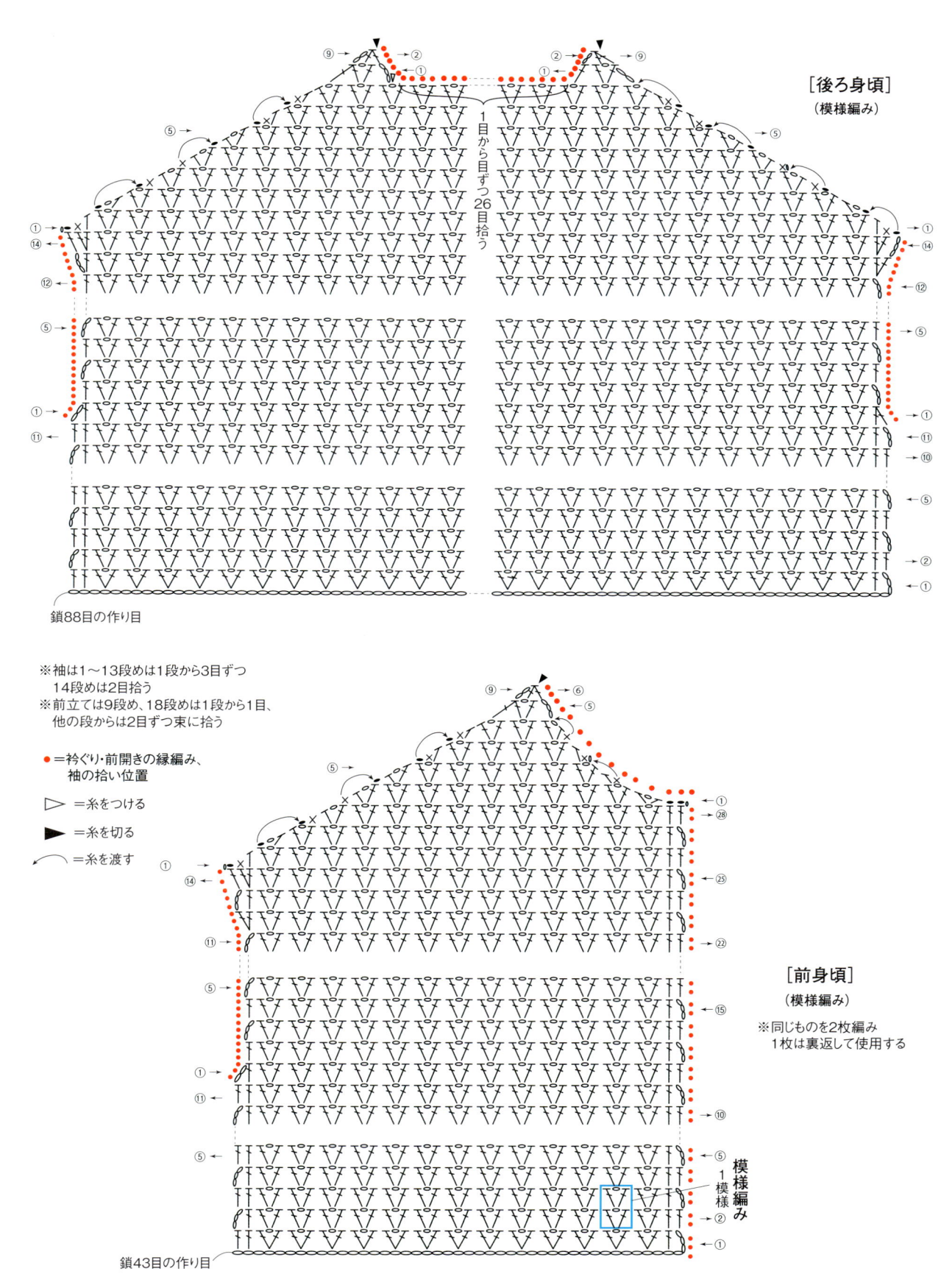

[後ろ身頃]（模様編み）

1目から目ずつ 26目拾う

鎖88目の作り目

※袖は1〜13段めは1段から3目ずつ
　14段めは2目拾う
※前立ては9段め、18段めは1段から1目、
　他の段からは2目ずつ束に拾う

● ＝衿ぐり・前開きの縁編み、
　袖の拾い位置

▷ ＝糸をつける

▶ ＝糸を切る

⌒ ＝糸を渡す

[前身頃]（模様編み）

※同じものを2枚編み
　1枚は裏返して使用する

模様編み　1模様

鎖43目の作り目

55

[袖]（模様編み）※輪編みで編む

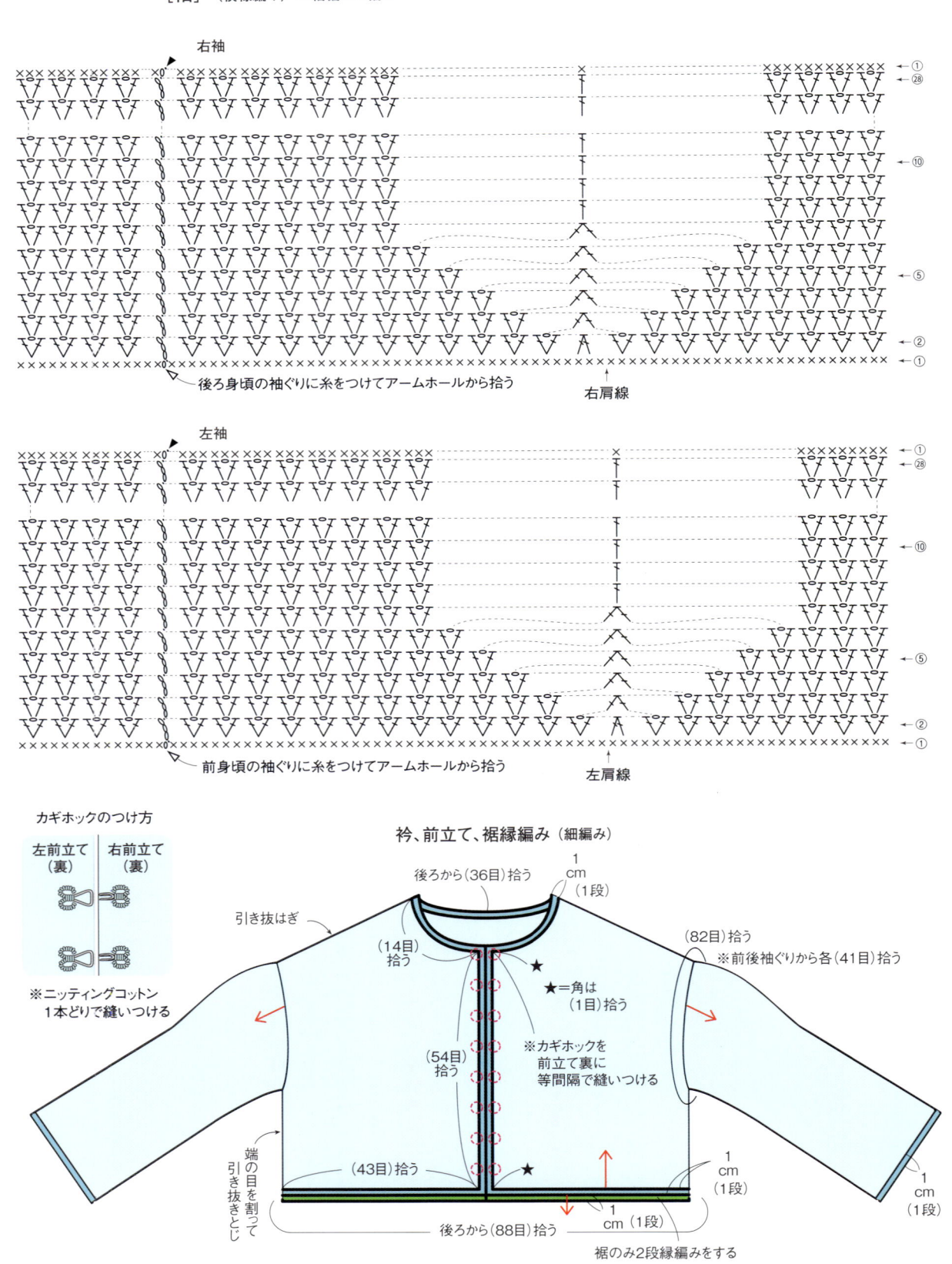

右袖

後ろ身頃の袖ぐりに糸をつけてアームホールから拾う

右肩線

左袖

前身頃の袖ぐりに糸をつけてアームホールから拾う

左肩線

カギホックのつけ方

左前立て（裏）　右前立て（裏）

※ニッティングコットン1本どりで縫いつける

衿、前立て、裾縁編み（細編み）

後ろから（36目）拾う

1cm（1段）

引き抜はぎ

（14目）拾う

（82目）拾う

※前後袖ぐりから各（41目）拾う

★＝角は（1目）拾う

（54目）拾う

※カギホックを前立て裏に等間隔で縫いつける

端の目を割って引き抜きとじ

（43目）拾う

★

1cm（1段）

1cm（1段）

後ろから（88目）拾う

1cm（1段）

裾のみ2段縁編みをする

ペプラムビスチェ

糸

DARUMA リネンラミーコットン 中細/シルバーグレー（110） 60g、

ペールグリーン（106） 10g

DARUMA フロレット/ミストホワイト（1） 95g

DARUMA ラメのレース糸/ブラック×シルバー（7） 5.5g

DARUMA ダルシャン極細（アクリル）/ライトブルー（2） 4g

針

かぎ針2/0号、6/0号、8/0号

ゲージ（10㎝角）

長編み・6/0号針＝16目×8段、8/0号針＝14目×7段

模様編みA＝16目、2段で3cm

模様編みB＝18目、14段で9cm

模様編みC＝18目、7段で4.5cm

でき上がりサイズ

総丈44cm、ウエスト周り70cm

作り方

※糸は2本どり

1_ ベルトは鎖で259目作り目し、模様編みAで編む。

2_ ベルトから拾い目して身頃の脇丈を模様編みBと長編みで編む。

3_ 身頃の両脇27目残して、59目拾い目して胸当てを長編みと模様編みC
で編む。

4_ ベルトから拾い目してペプラムを長編みで増し目をしながら編む。

5_ 肩ひもは、指定位置に糸端2.5m残して糸をつけてスレッドコード編
む。

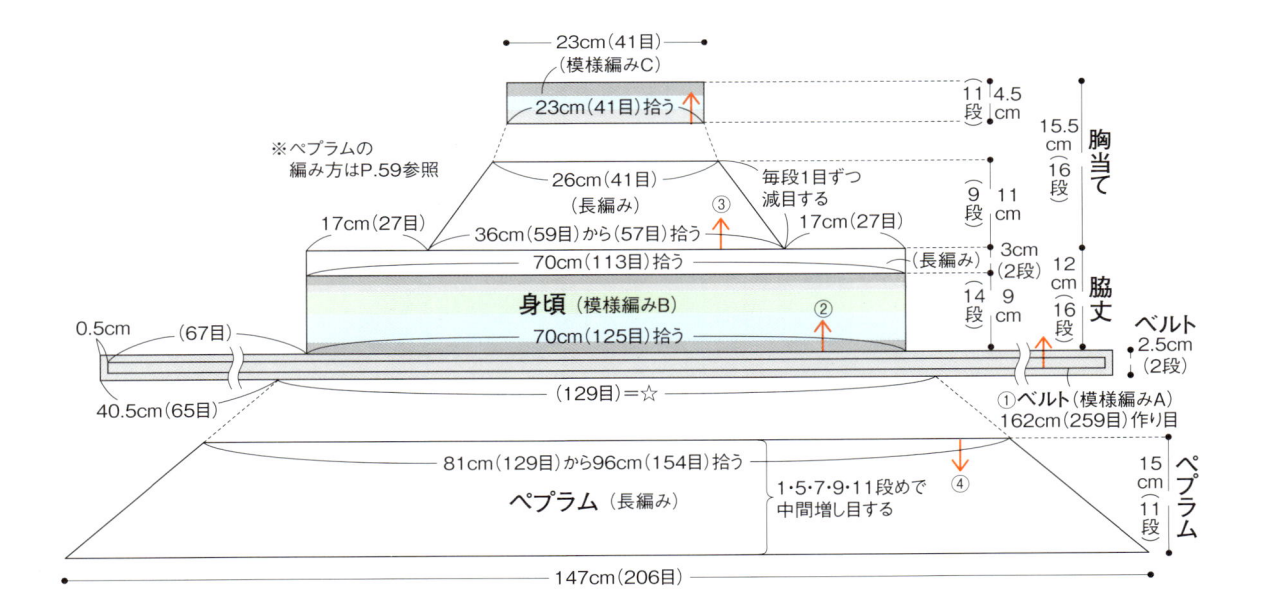

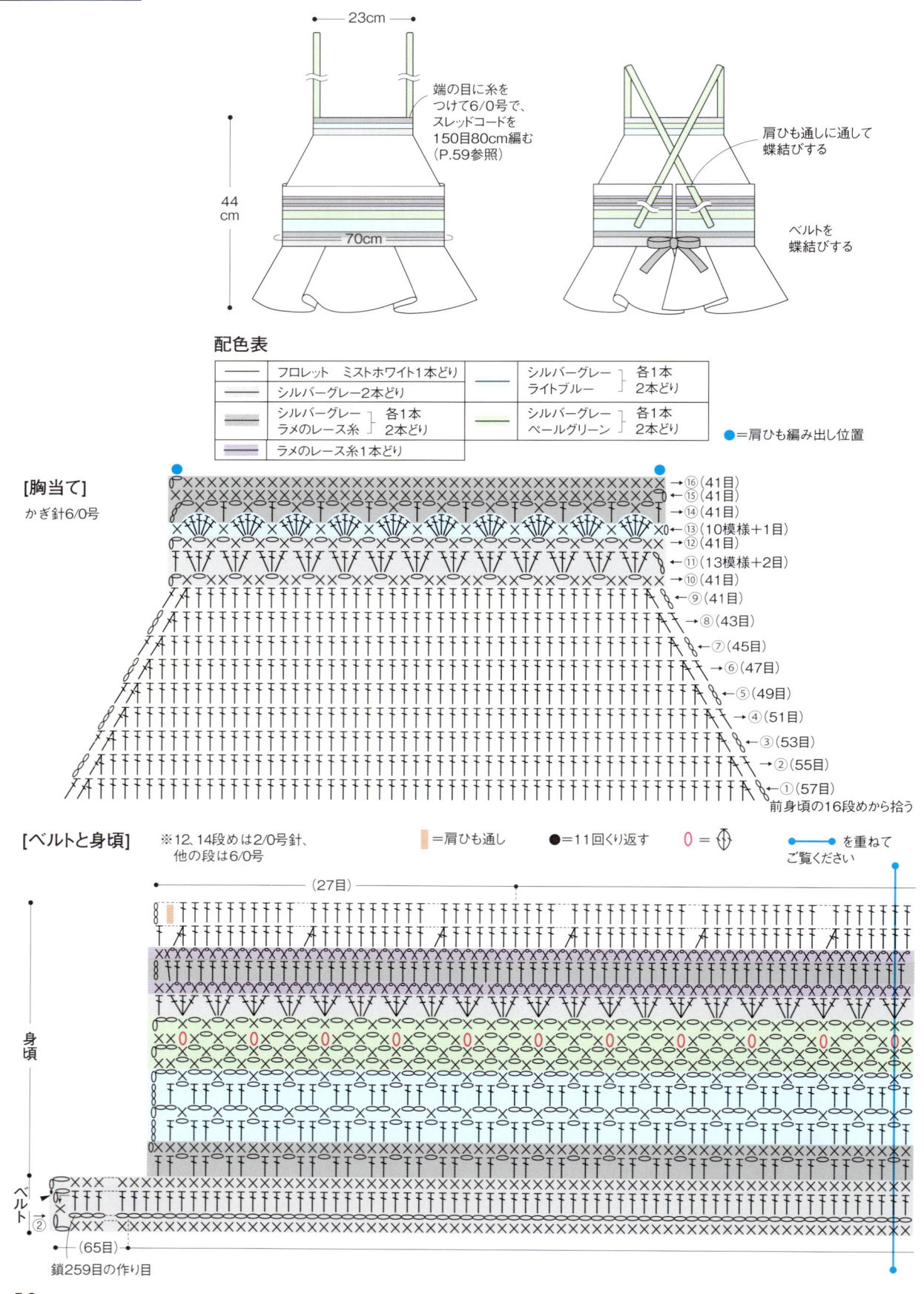

配色表

──	フロレット　ミストホワイト1本どり		──	シルバーグレー　ライトブルー	各1本2本どり
──	シルバーグレー2本どり				
▬	シルバーグレー　ラメのレース糸	各1本2本どり	▬	シルバーグレー　ペールグリーン	各1本2本どり
▬	ラメのレース糸1本どり				

● =肩ひも編み出し位置

[胸当て]
かぎ針6/0号

→⑯(41目)
←⑮(41目)
→⑭(41目)
←⑬(10模様+1目)
→⑫(41目)
←⑪(13模様+2目)
→⑩(41目)
←⑨(41目)
→⑧(43目)
←⑦(45目)
→⑥(47目)
←⑤(49目)
→④(51目)
←③(53目)
→②(55目)
←①(57目)
前身頃の16段めから拾う

[ベルトと身頃]　※12、14段めは2/0号針、他の段は6/0号

▬ =肩ひも通し　　● =11回くり返す　　0 = ⊕　　━━ を重ねてご覧ください

身頃

ベルト

（27目）

（65目）

鎖259目の作り目

端の目に糸をつけて6/0号で、スレッドコードを150目80cm編む（P.59参照）

23cm

44cm

70cm

肩ひも通しに通して蝶結びする

ベルトを蝶結びする

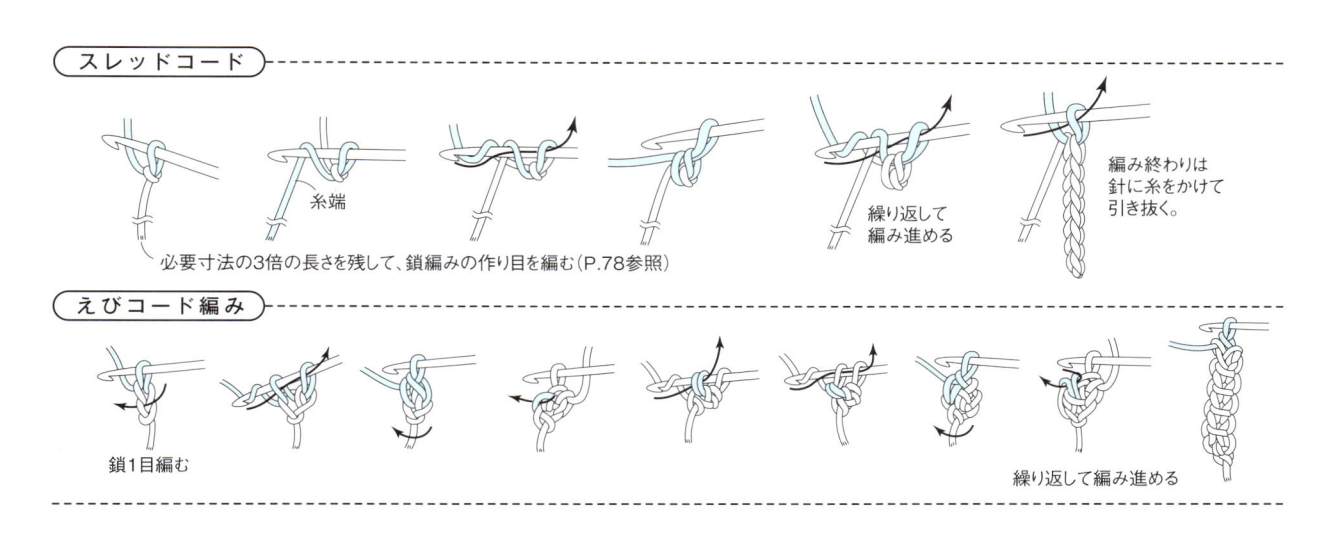

スレッドコード

糸端

必要寸法の3倍の長さを残して、鎖編みの作り目を編む(P.78参照)

繰り返して編み進める

編み終わりは針に糸をかけて引き抜く。

えびコード編み

鎖1目編む

繰り返して編み進める

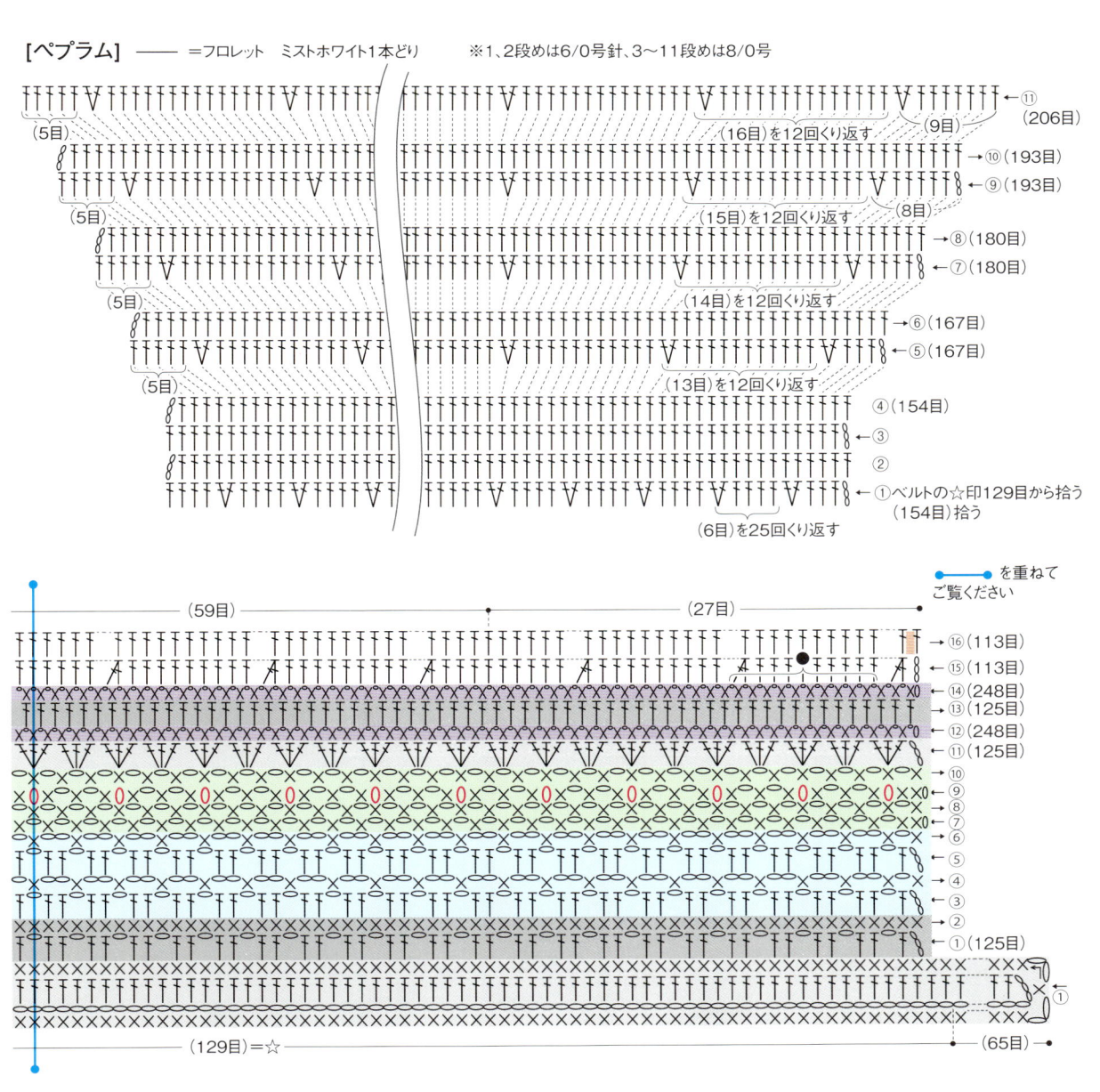

[ペプラム] ── =フロレット　ミストホワイト1本どり　※1、2段めは6/0号針、3～11段めは8/0号

(5目)

(5目)

(5目)

(5目)

(5目)

(16目)を12回くり返す　(9目)　←⑪(206目)

→⑩(193目)

←⑨(193目)

(15目)を12回くり返す　(8目)

←⑧(180目)

←⑦(180目)

(14目)を12回くり返す

→⑥(167目)

←⑤(167目)

(13目)を12回くり返す

④(154目)

③

②

←①ベルトの☆印129目から拾う
　(154目)拾う

(6目)を25回くり返す

━━━ を重ねてご覧ください

(59目)　(27目)

→⑯(113目)

←⑮(113目)

←⑭(248目)

←⑬(125目)

←⑫(248目)

←⑪(125目)

←⑩

←⑨

←⑧

←⑦

←⑥

←⑤

←④

←③

←②

←①(125目)

①

(129目)=☆　(65目)

59

フリルハンドバッグ

糸

ハマナカ エコアンダリヤ/ナチュラル(23) 26g
ハマナカ モヘア/パープル(8) 44g

針

かぎ針7/0号、6/0号

ゲージ(10cm角)

模様編み=15.5目13.5段

でき上がりサイズ

幅18cm、深さ18cm

作り方

1_ 本体はエコアンダリヤで鎖の作り目をし、鎖の両側から目を拾って輪編みで長編みを1段編む。

2_ エコアンダリヤとモヘアの2本どりと、モヘアの2本どりの配色で模様編みを21段編む。

3_ 本体の持ち手部分をエコアンダリヤで4段編む。

4_ ストラップをモヘア2本どりで編む。

5_ 本体のストラップ用ループにストラップを結びつける。

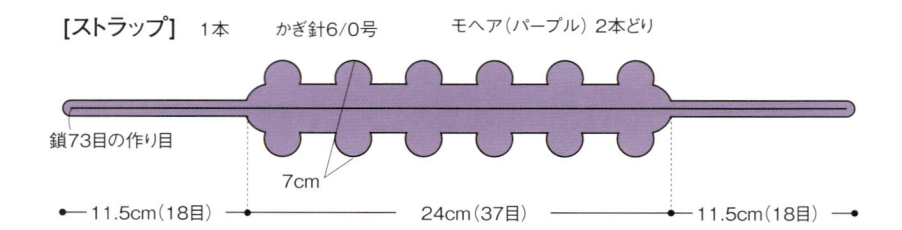

[ストラップ] 1本　かぎ針6/0号　モヘア(パープル)2本どり

鎖73目の作り目

7cm

←11.5cm(18目)→　←24cm(37目)→　←11.5cm(18目)→

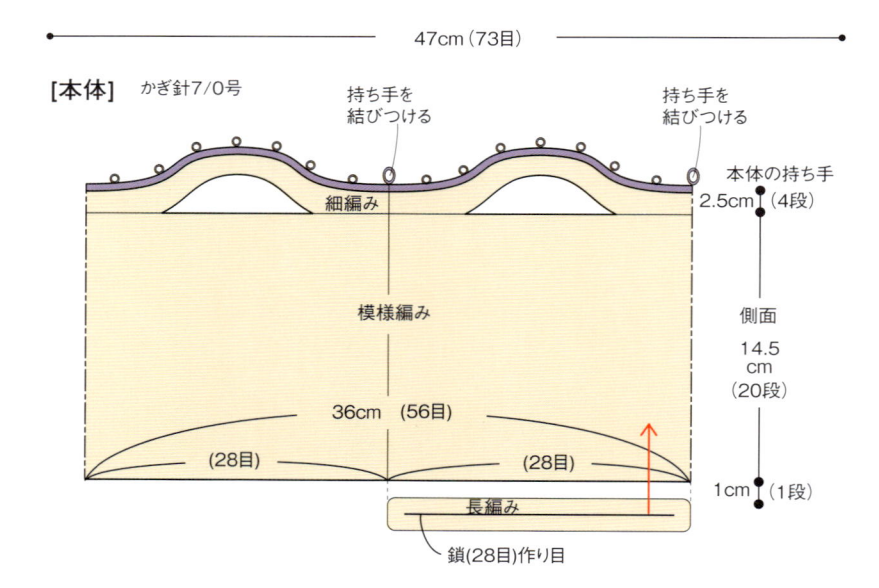

47cm(73目)

[本体]　かぎ針7/0号

持ち手を結びつける　持ち手を結びつける

本体の持ち手
2.5cm (4段)

細編み

模様編み

側面
14.5
cm
(20段)

36cm (56目)

(28目)　(28目)

1cm (1段)

長編み

鎖(28目)作り目

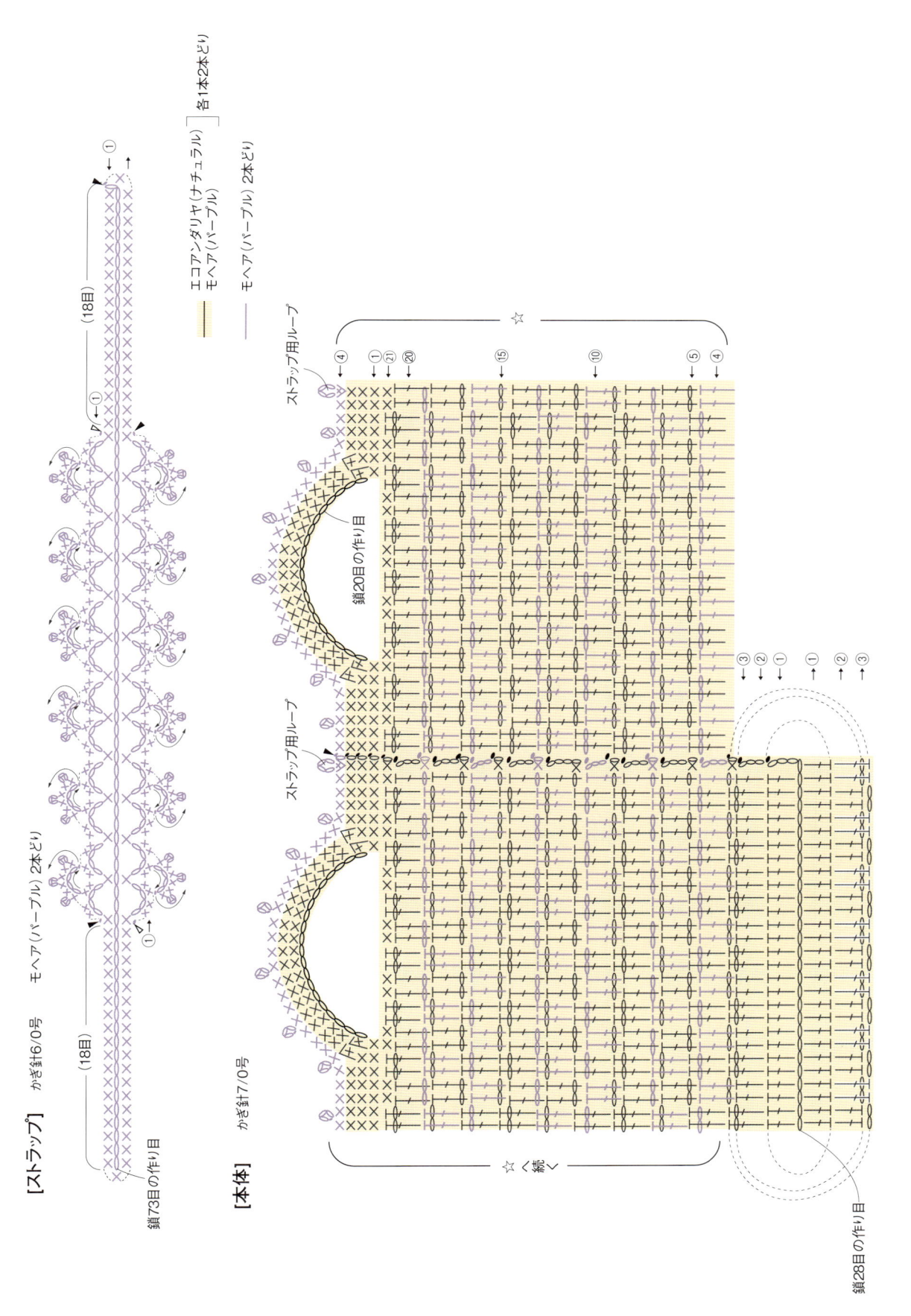

スカラップなつけ衿

糸

ハマナカ ウオッシュコットン/ベージュ(2) 70g
ハマナカ ブリリアン/ベージュピンク(6) 55g

針

かぎ針6/0号

ゲージ(10cm角)

18目8.5段

でき上がりサイズ

横幅30cm、丈25.5cm

作り方

※すべてウオッシュコットンとブリリアンの各1本2本どりで編む。

1_ 前後衿をそれぞれ、共糸鎖の作り目から編み始め、模様編みで編む。

2_ 前後衿の編み始めの作り目に縁編みを編む。

3_ 肩を巻きかがりではぐ。

4_ 衿ぐりに縁編みを編む。

5_ ひもを2本編み、編み終わりの糸で指定位置に縫いつける。

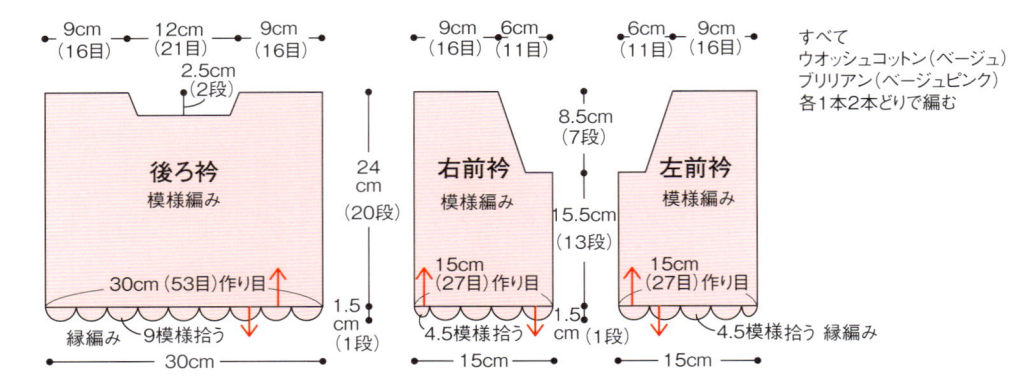

すべて
ウオッシュコットン(ベージュ)
ブリリアン(ベージュピンク)
各1本2本どりで編む

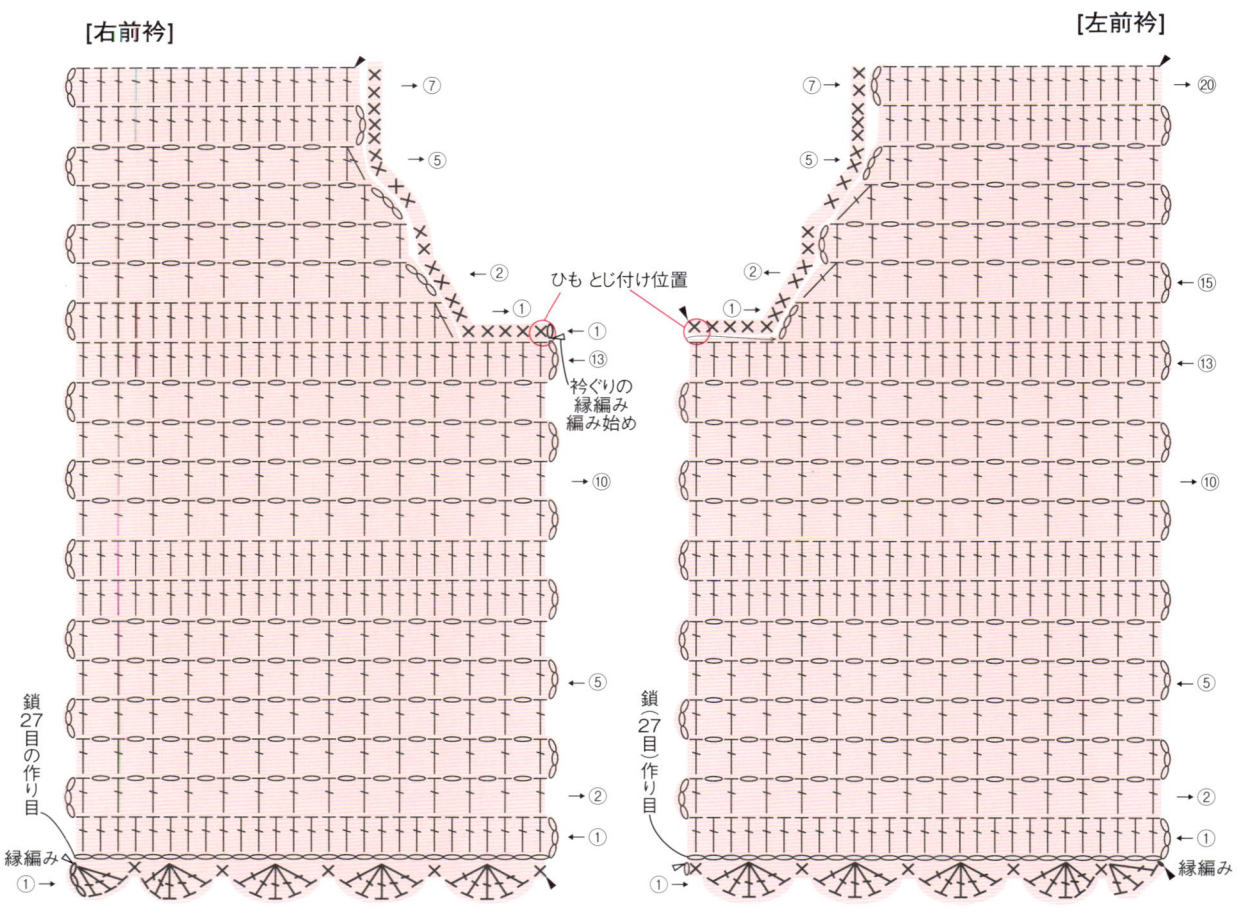

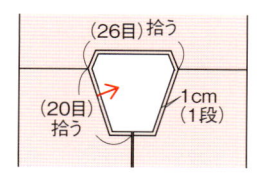

[衿ぐり縁編み] 細編み

(26目)拾う

(20目)拾う　1cm (1段)

まとめ方　ひもをとじつける

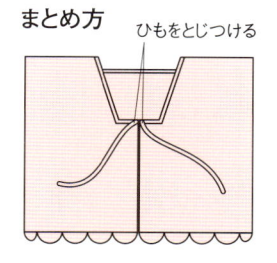

[ひも] 2本　　　　　鎖の裏山を引き抜く ←①

鎖60目の 作り目

28cm　(60目)

後ろ衿

右前衿から続けて衿ぐりの縁編みを編む

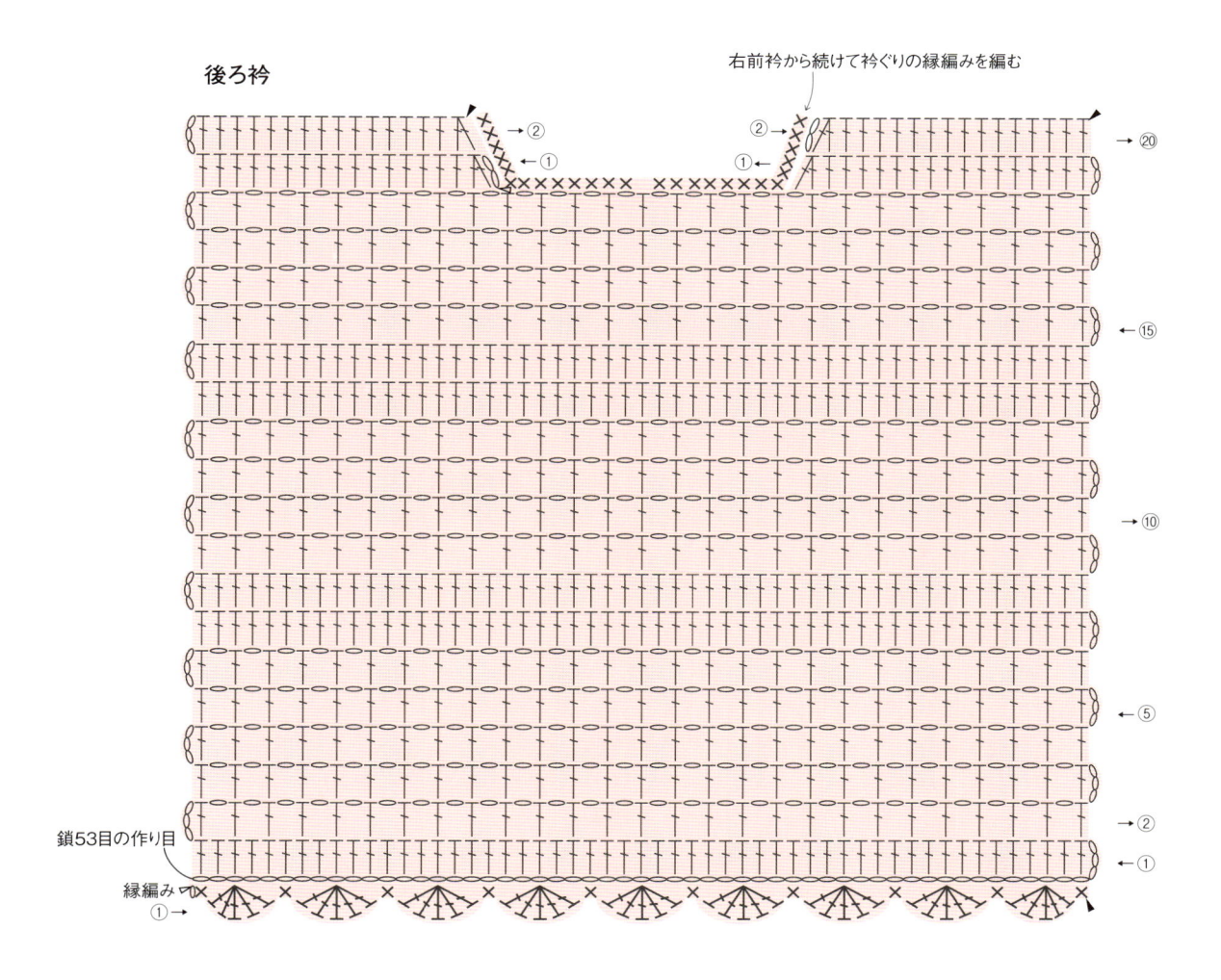

→②
←①

→⑳

←⑮

→⑩

←⑤

→②
←①

鎖53目の作り目

縁編み
①→

ツイードライクバッグ

糸

ハマナカ コトーネツィード/ブラック系(10) 46g、グレー系(3) 44g

その他の材料

ハマナカ 楕円ひねり(H206-050-1) 1個、チェーンショルダー/ゴールド 約120cm 1本

針

かぎ針4/0号、7/0号

ゲージ (10cm角)

こま編み・模様編み＝16.5目18.5段

でき上がりサイズ

縦16cm、横18cm

作り方

※糸は、側面とふたはブラック系とグレー系の2本どり、縁編みはブラック系2本どり、チェーン通しはブラック系1本どり

1_ 前後側面は鎖21目作り目して細編みで1〜3段は両端で増し目をしながら編み、4〜28段は増減なく、わに編む。

2_ ふたは後ろ側面に糸をつけて模様編みで増減なく25段編み、周囲に縁編みを編む。

3_ 両脇にチェーン通しを編み、裏側に折り返して巻きかがる。

4_ 前側面とふたの指定位置に楕円ひねりセットをつける。

5_ チェーン通しにチェーンをつける。

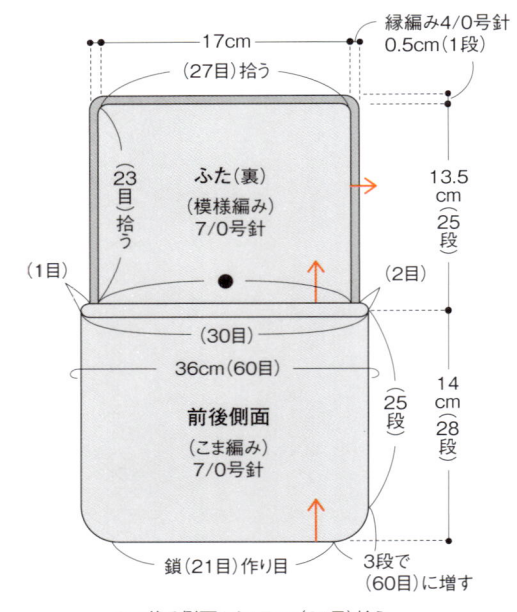

縁編み4/0号針
0.5cm(1段)

17cm

(27目)拾う

（23目拾う）

ふた(裏)
(模様編み)
7/0号針

13.5cm
(25段)

(1目)　(2目)

(30目)

36cm(60目)

(25段)

前後側面
(こま編み)
7/0号針

14cm(28段)

鎖(21目)作り目

3段で
(60目)に増す

●＝後ろ側面から17cm(27目)拾う

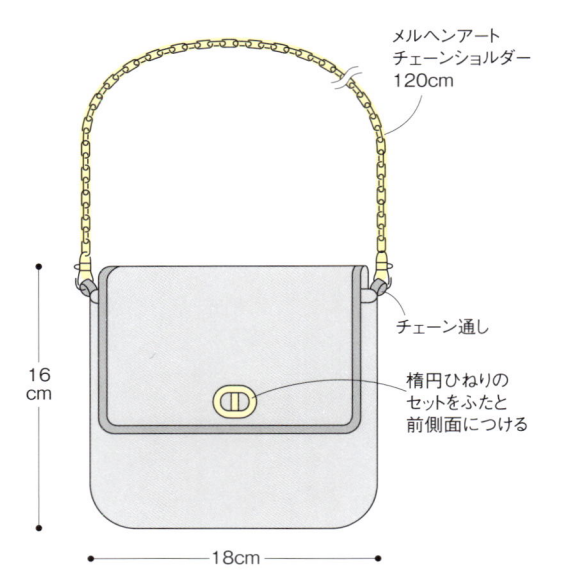

メルヘンアート
チェーンショルダー
120cm

チェーン通し

楕円ひねりの
セットをふたと
前側面につける

16cm

18cm

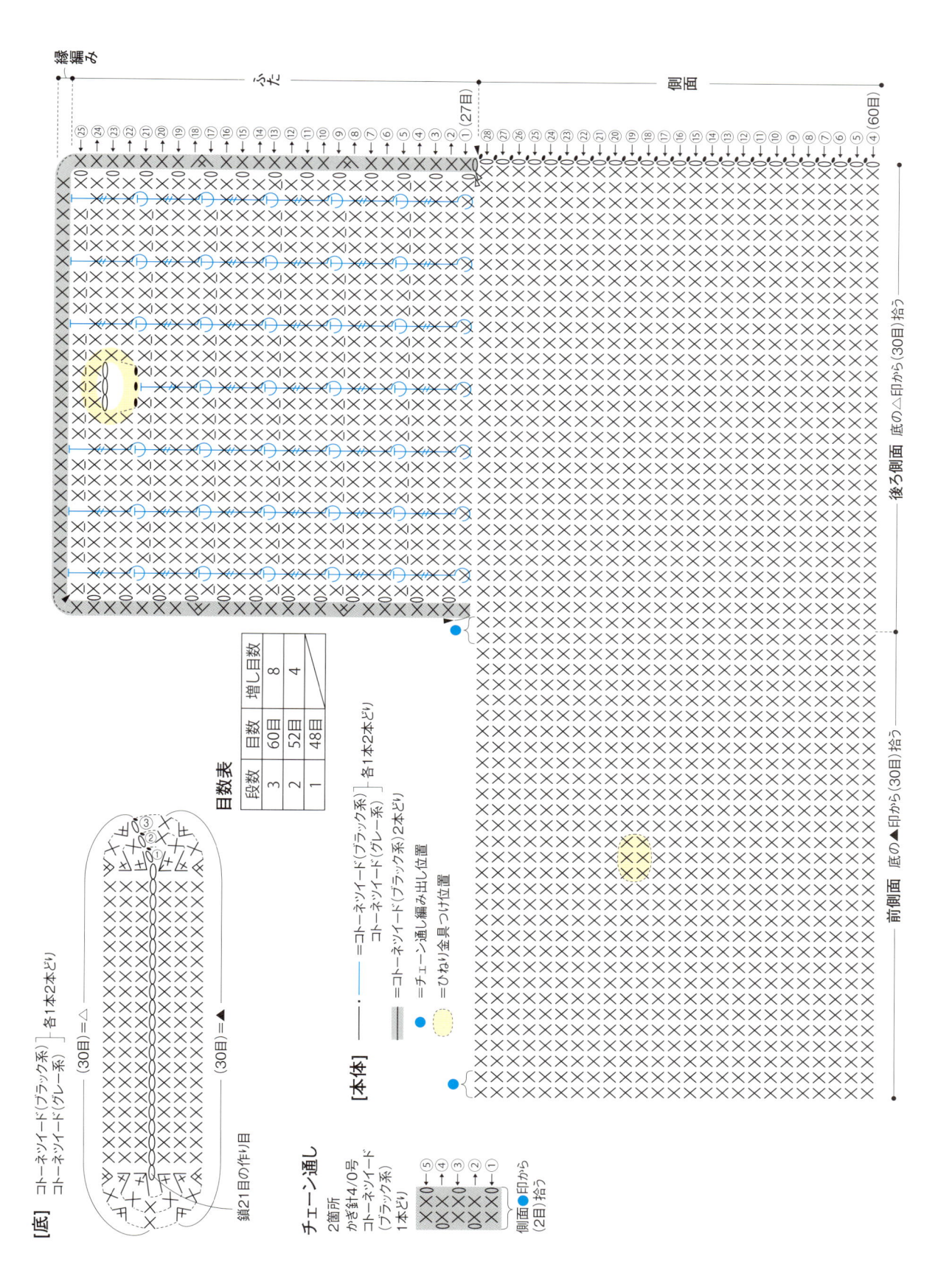

糸

DARUMA リネンラミーコットン中細 ナチュラル(102)…200ｇ、ブリック(107)…50ｇ

その他の材料

15mmボタン6個

針

かぎ針 2/0号、3/0号、5/0号

ゲージ（10㎝角）

模様編み＝28目7模様15段

でき上がりサイズ

着丈46cm、胸囲114.5cm、裄丈約40.3cm

作り方

※身頃、袖はナチュラル1本どりを3/0号針で編み、縞部分はナチュラルとブリックの2本どりを5/0号針で編む。ブリックのみ段ごとに糸を切る。

1_ 鎖の作り目で右前身頃から編み始める。アームホールは図を参照してスリット状にし、続けて後ろ身頃、左前身頃を編む。

2_ 肩をナチュラル1本どりで引き抜きはぎにし、アームホールから目を拾い袖を輪に編む。

3_ 裾の縁編みはナチュラル、衿ぐりの縁編みはブリックで編む。

4_ ブリックで前立てを編み、右前立てにはボタンホールをあける。左前立てにボタンをつけて仕上げる。

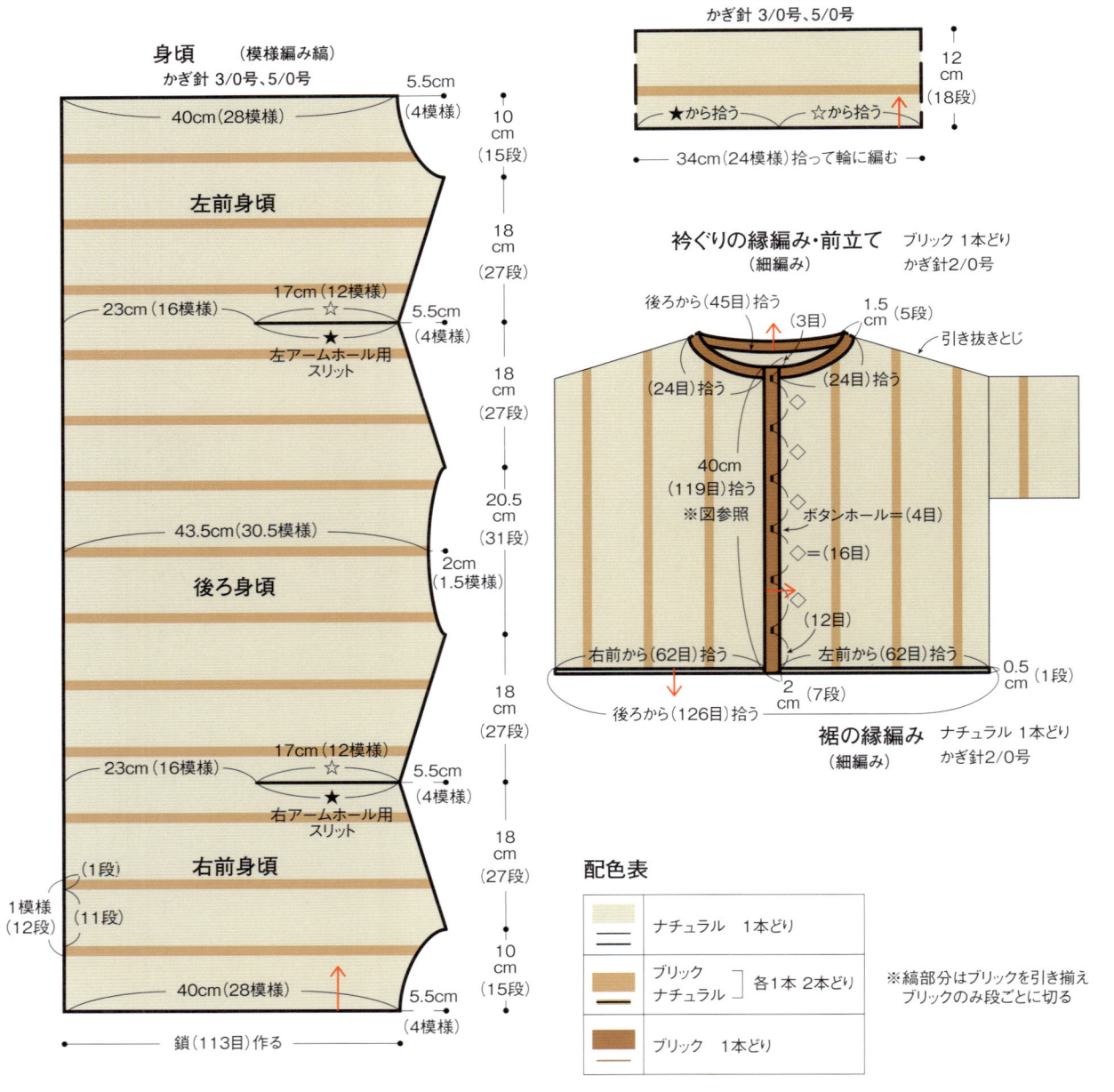

身頃 （模様編み縞）
かぎ針 3/0号、5/0号

5.5cm (4模様)

40cm(28模様)

左前身頃

10 cm (15段)

18 cm (27段)

23cm(16模様)　17cm(12模様)☆

5.5cm (4模様)

左アームホール用スリット

18 cm (27段)

43.5cm(30.5模様)

後ろ身頃

2cm (1.5模様)

20.5 cm (31段)

18 cm (27段)

23cm(16模様)　17cm(12模様)☆

5.5cm (4模様)

右アームホール用スリット

18 cm (27段)

右前身頃

(1段)

1模様 (12段)　(11段)

18 cm (27段)

40cm(28模様)

10 cm (15段)

5.5cm (4模様)

鎖(113目)作る

袖 （模様編みの縞）
かぎ針 3/0号、5/0号

12 cm (18段)

★から拾う　☆から拾う

34cm(24模様)拾って輪に編む

衿ぐりの縁編み・前立て（細編み）　ブリック 1本どり かぎ針2/0号

後ろから(45目)拾う　(3目)　1.5cm (5段)　引き抜きとじ

(24目)拾う　(24目)拾う

40cm (119目)拾う ※図参照

ボタンホール＝(4目)

◇＝(16目)

(12目)

右前から(62目)拾う　左前から(62目)拾う

後ろから(126目)拾う

2cm (7段)　0.5cm (1段)

裾の縁編み（細編み）　ナチュラル 1本どり かぎ針2/0号

配色表

	ナチュラル　1本どり	
	ブリック ナチュラル	各1本 2本どり
	ブリック　1本どり	

※縞部分はブリックを引き揃えブリックのみ段ごとに切る

p.68へ続く

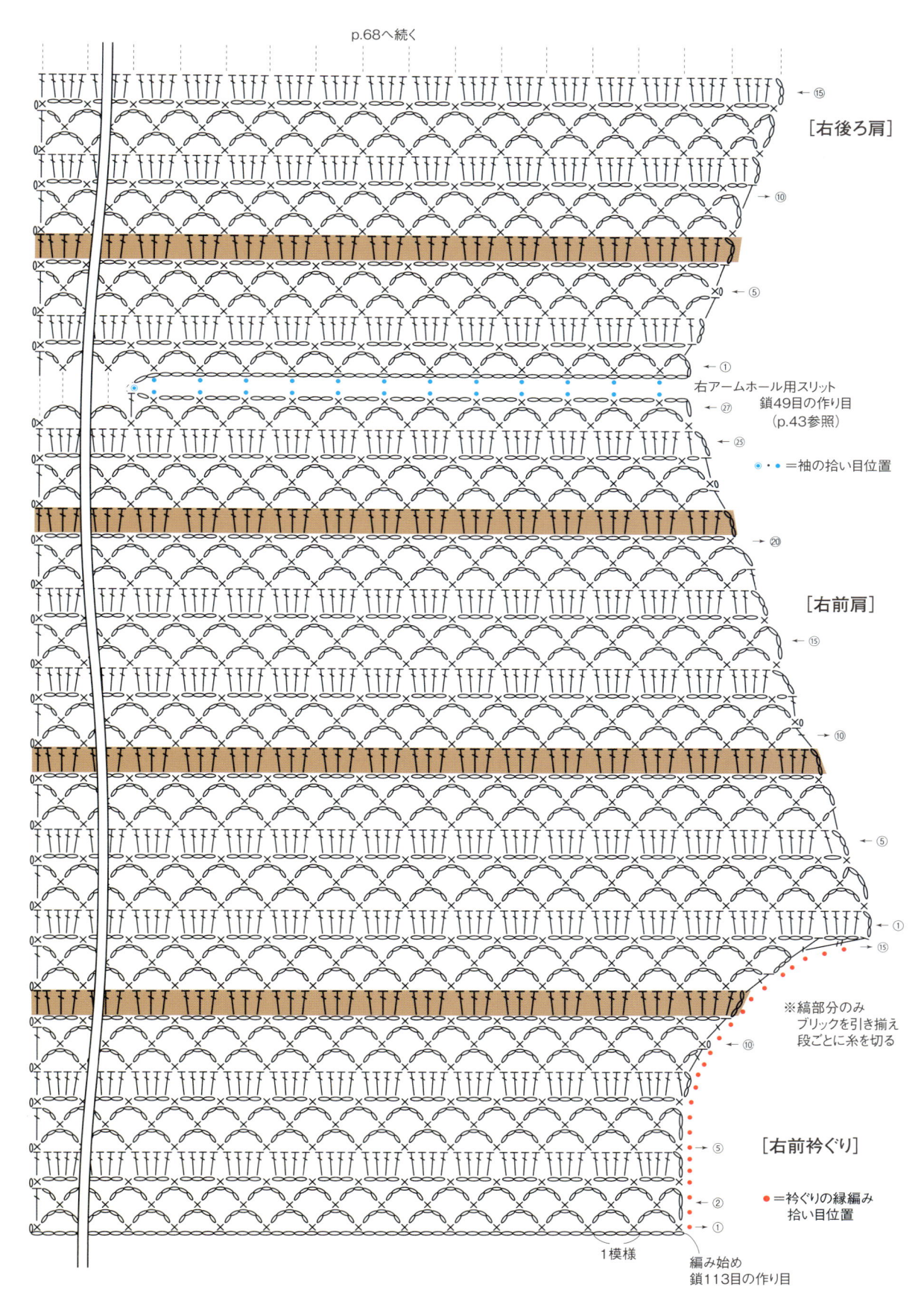

← ⑮

［右後ろ肩］

← ⑩

← ⑤

← ①

右アームホール用スリット
鎖49目の作り目
（p.43参照）

← ㉗

← ㉕

◉・・＝袖の拾い目位置

← ⑳

［右前肩］

← ⑮

← ⑩

← ⑤

← ①
⑮

※縞部分のみ
　ブリックを引き揃え
　段ごとに糸を切る

← ⑩

［右前衿ぐり］

← ⑤

●＝衿ぐりの縁編み
　拾い目位置

← ②

← ①

1模様

編み始め
鎖113目の作り目

p.69へ続く

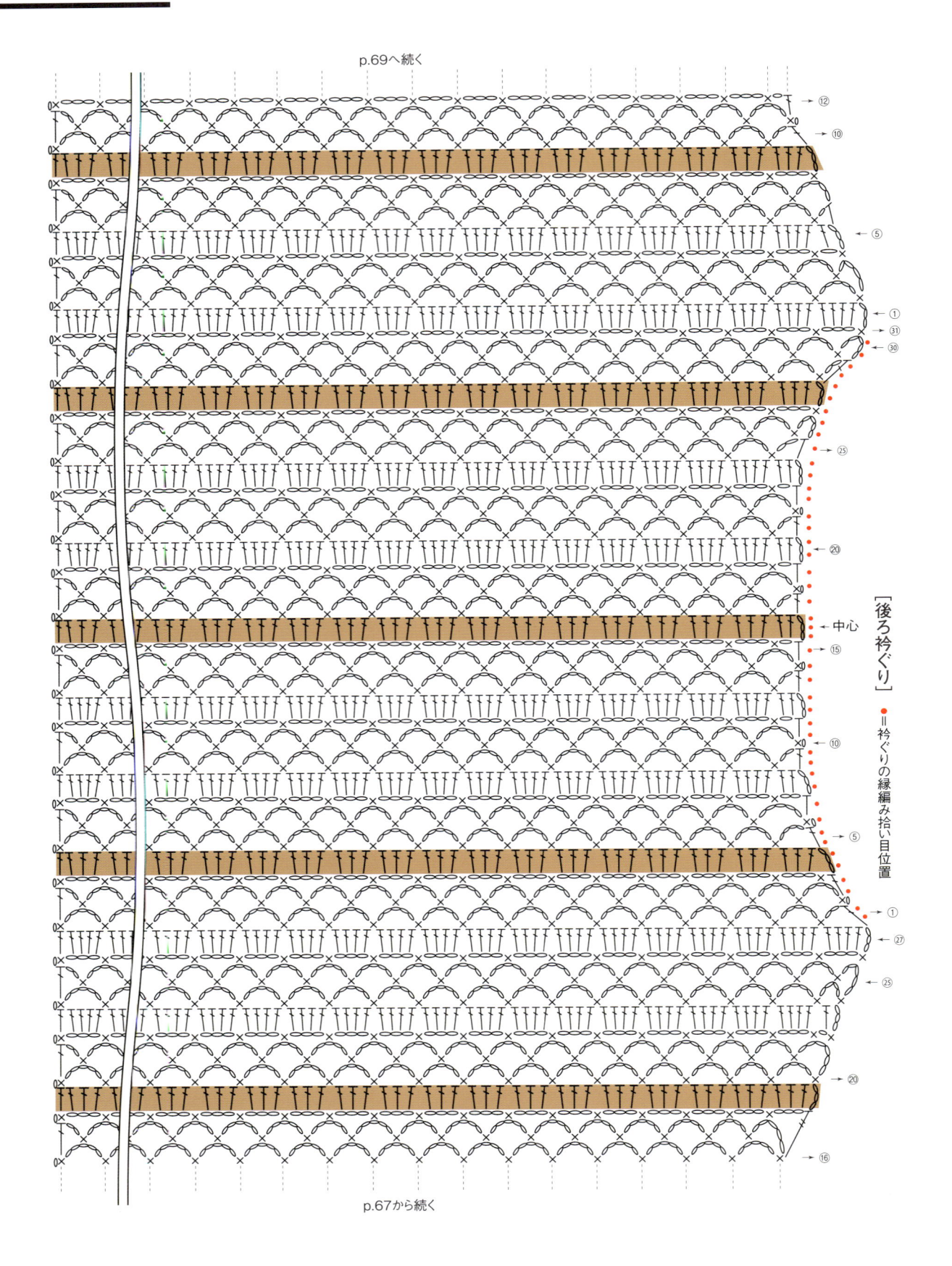

中心

[後ろ衿ぐり]

● =衿ぐりの縁編み拾い目位置

p.67から続く

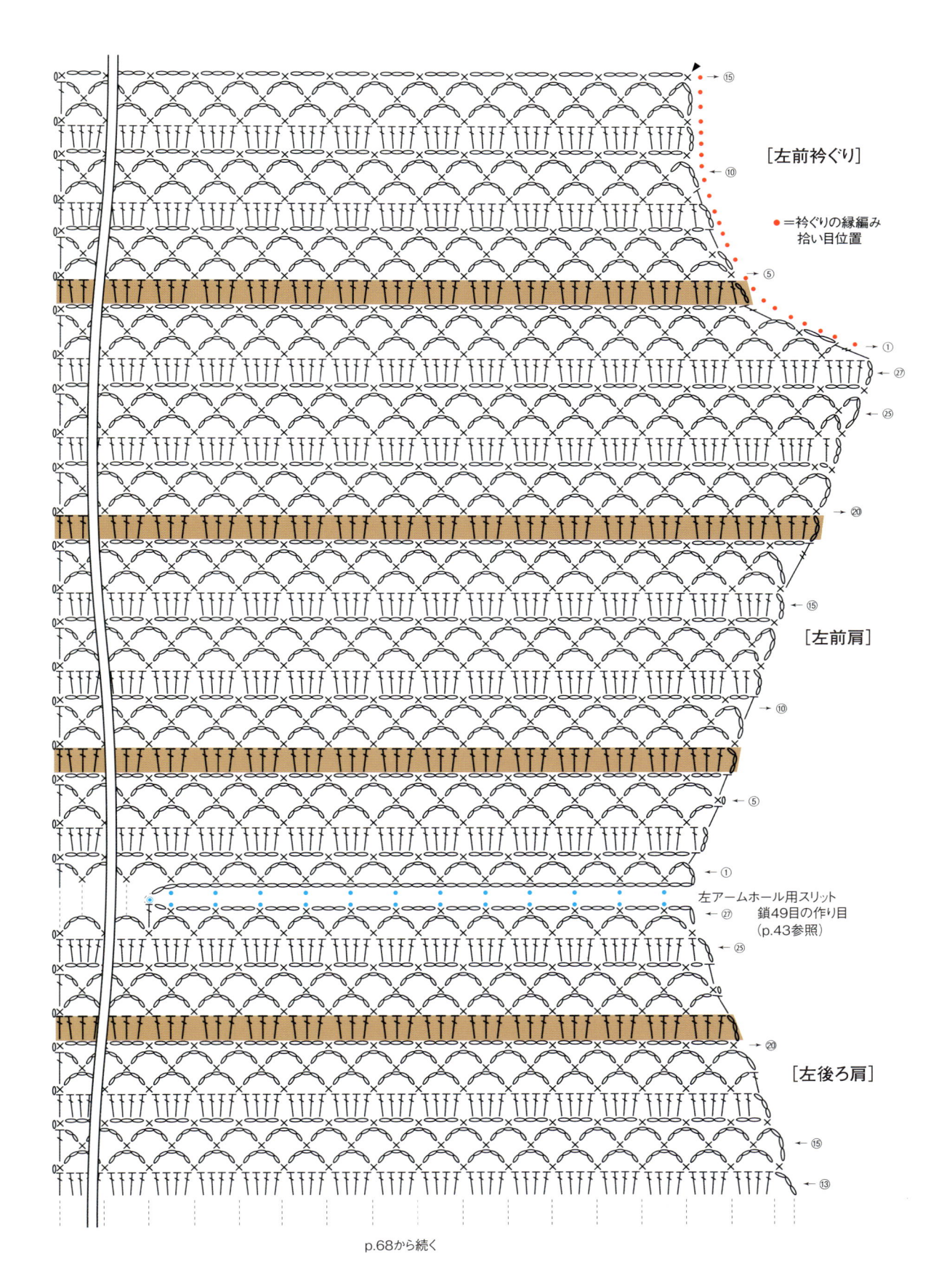

[左前衿ぐり]

● = 衿ぐりの縁編み
拾い目位置

[左前肩]

左アームホール用スリット
鎖49目の作り目
(p.43参照)

[左後ろ肩]

p.68から続く

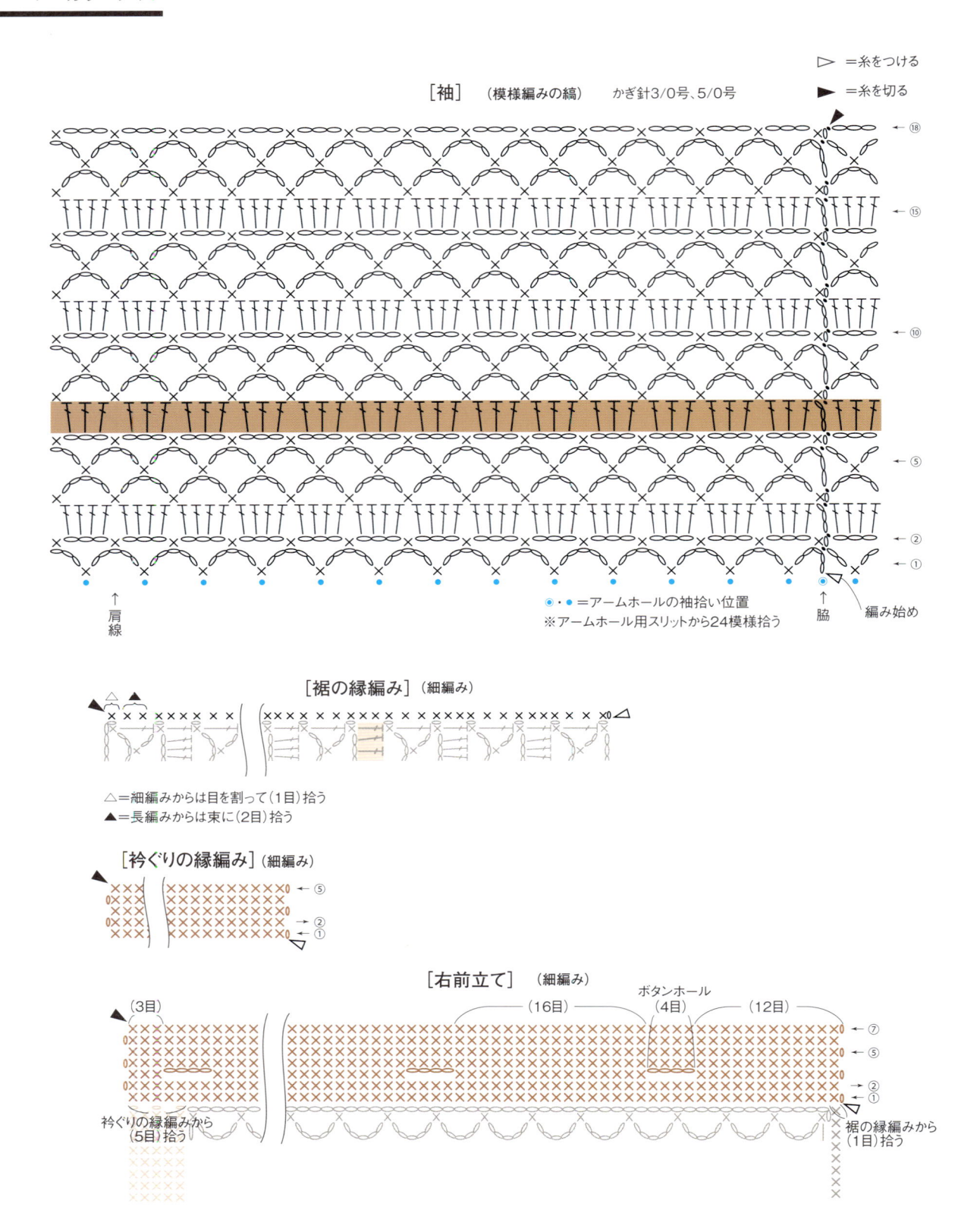

[袖]　（模様編みの縞）　　かぎ針3/0号、5/0号

▷ ＝糸をつける
► ＝糸を切る

↑肩線　　　　　　　　　　　　　　　　　　　　　　　　↑脇　　編み始め

◉・● ＝アームホールの袖拾い位置
※アームホール用スリットから24模様拾う

[裾の縁編み]　（細編み）

△ ＝細編みからは目を割って（1目）拾う
▲ ＝長編みからは束に（2目）拾う

[衿ぐりの縁編み]　（細編み）

[右前立て]　（細編み）

（3目）　　　　　　　　　　　　　（16目）　　ボタンホール　　（12目）
　　　　　　　　　　　　　　　　　　　　　　　（4目）

衿ぐりの縁編みから
（5目）拾う

裾の縁編みから
（1目）拾う

ベスト

糸

ハマナカ 世界のコットン アメリカルーブ/グレー（303）…139g、かわ
いい赤ちゃん〈ピュアコットン〉/ホワイト（1）…166g、ピンク（3）…88g

針

かぎ針 8/0号

ゲージ（10cm角）

模様編みの縞17.5目7.5段

でき上がりサイズ

着丈52.5cm、胸囲98cm、肩幅46cm

作り方

1_ 身頃は鎖の作り目で裏山拾い、裾は模様編みA、続けて身頃は模様編
みの縞で編む。

2_ 前後身頃を合わせ、グレーとホワイトの2本どりで肩は巻きはぎ、脇は
すくいとじにする。

3_ 衿と袖口を模様編みA'で輪に編んで仕上げる。

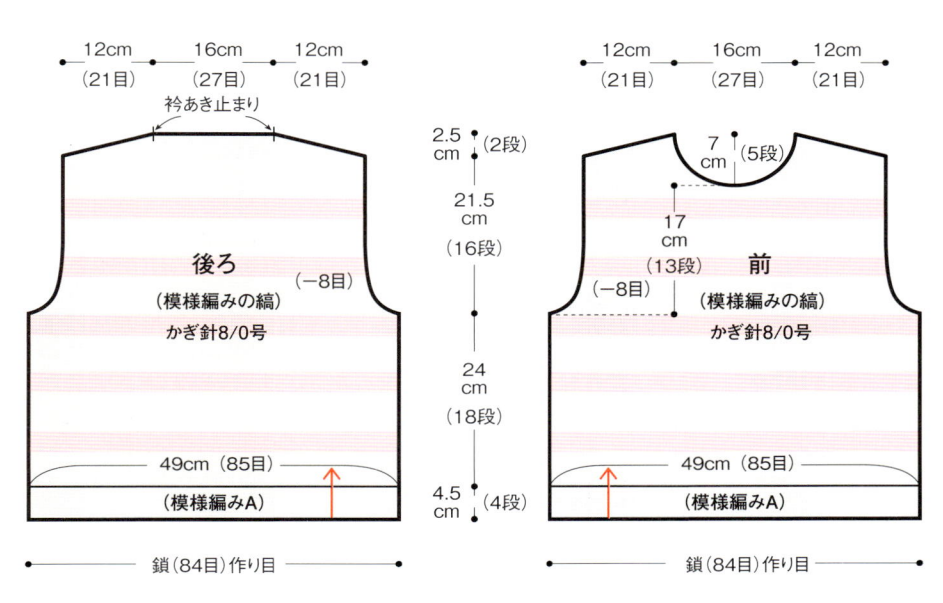

[後ろ衿ぐり]

[前衿ぐり]

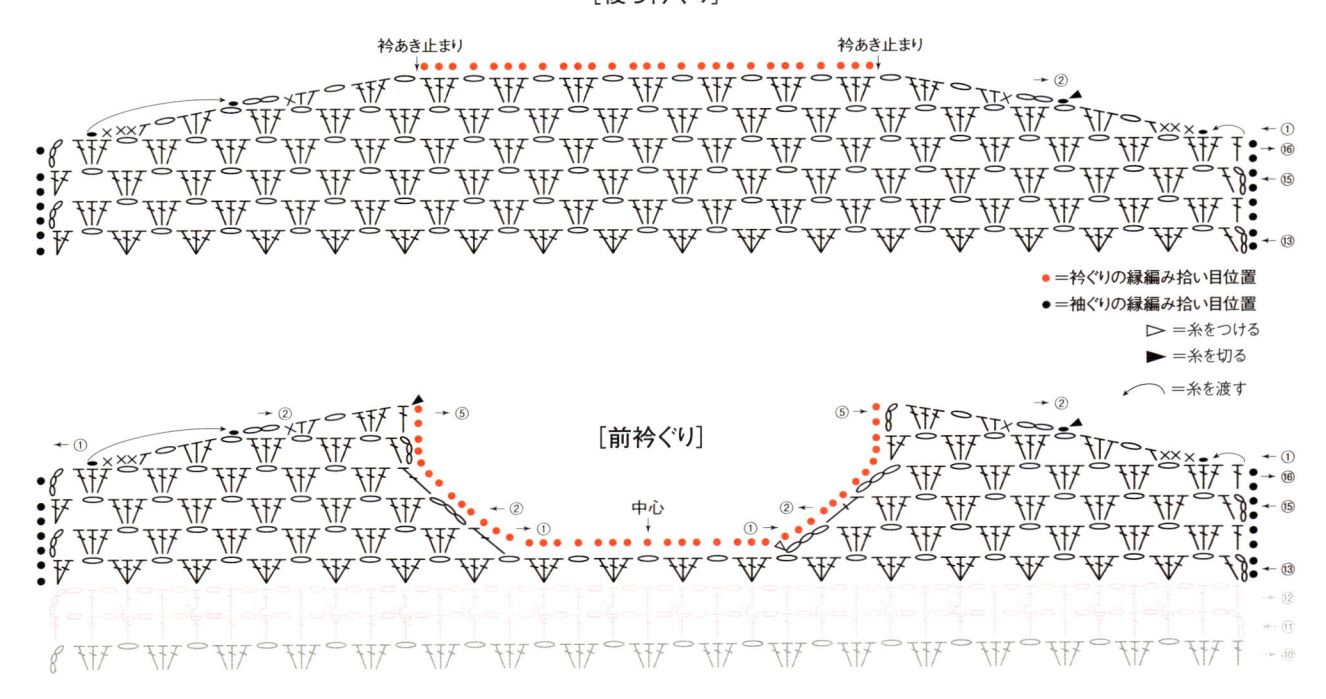

● =衿ぐりの縁編み拾い目位置
● =袖ぐりの縁編み拾い目位置
▷ =糸をつける
► =糸を切る
⌒ =糸を渡す

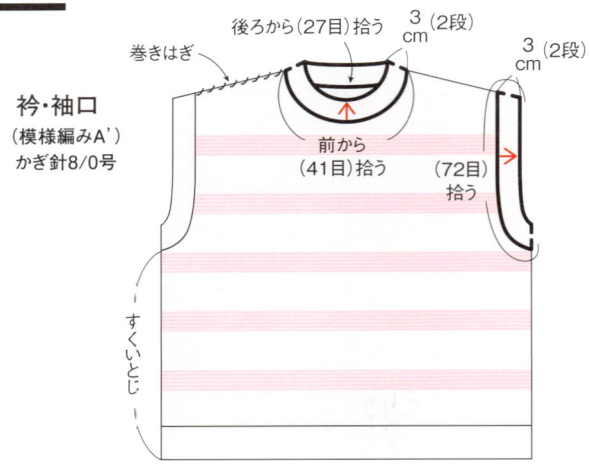

衿・袖口
（模様編みA'）
かぎ針8/0号

巻きはぎ

後ろから（27目）拾う　3cm（2段）

3cm（2段）

前から（41目）拾う

（72目）拾う

すくいとじ

模様編みA'
（衿、袖口）

← ②
← ①

配色表

───	世界のコットン アメリカルーブ（グレー） かわいい赤ちゃん〈ピュアコットン〉（ホワイト）	各1本 2本どり
───	かわいい赤ちゃん〈ピュアコットン〉（ピンク）	2本どり

[身頃（前後共通）]

p.71に続く

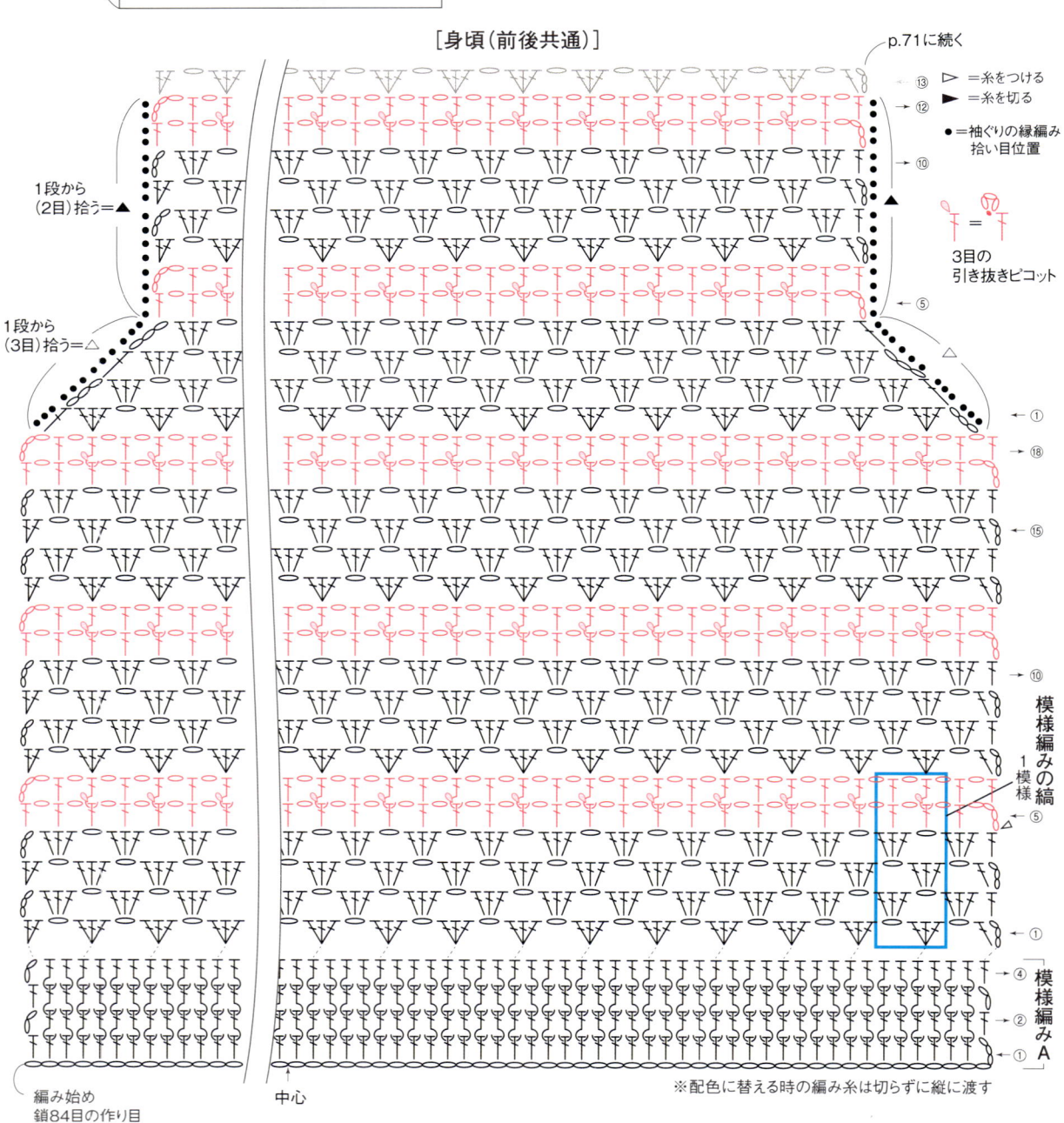

▷ ＝糸をつける
► ＝糸を切る
● ＝袖ぐりの縁編み拾い目位置

3目の引き抜きピコット

⑬
⑫
⑩
← ⑤

1段から（2目）拾う＝▲

1段から（3目）拾う＝△

△

← ①
→ ⑱
← ⑮
→ ⑩
← ⑤
△
← ①
→ ④
← ②
→ ①

模様編みの縞
1模様

模様編みA

編み始め
鎖84目の作り目

中心

※配色に替える時の編み糸は切らずに縦に渡す

RUFFLE COLLAR

フリルなつけ衿

PHOTO_P.**26-27**

糸

ハマナカ トプシー/ブルー系(3) 30g、ハマナカ ウオッシュコットン
《クロッシェ》/ホワイト(101) 40g・ロイヤルブルー(124) 12g

その他の材料

5mm幅のベロアリボン 100cm

針

かぎ針5/0号

ゲージ（10cm角）

長編み＝22目10段

でき上がりサイズ

幅約7.6cm、長さ約42cm

作り方

1_ トプシーとウオッシュコットン《クロッシェ》のホワイトの2本どりで作
り目をし、長編みを分散増し目をしながら4段編む。5段めはウオッシュ
コットン《クロッシェ》のロイヤルブルー1本で細編みを1段編む。

2_ 作り目から反対側に目を拾い、1と同じように長編みを分散増し目をし
ながら3段編み、4段めはウオッシュコットン《クロッシェ》のロイヤル
ブルー1本で細編みを1段編む。

3_ 1で編んだ1段めに、図を参照して指定位置にベロアリボンを通す。

[本体]　トプシー（ブルー系）　　　　　　　　　　　} 各1本2本どり
　　　　ウオッシュコットン《クロッシェ》（ホワイト）
　　　　ウオッシュコットン《クロッシェ》（ロイヤルブルー）

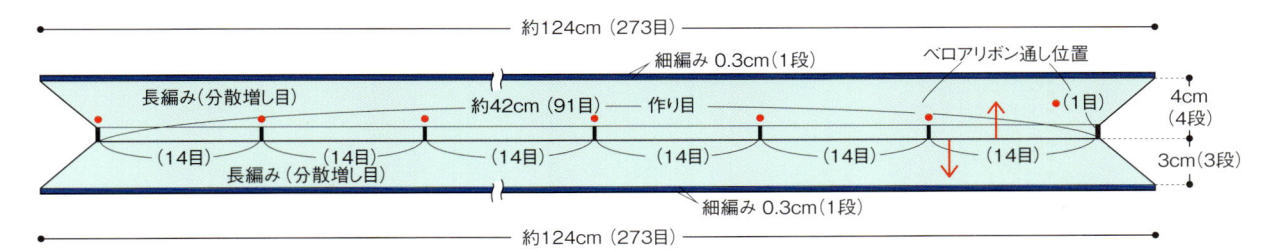

―――＝トプシー（ブルー系）　　　　　　　　　　　} 各1本2本どり
　　　　ウオッシュコットン《クロッシェ》（ホワイト）
―――＝ウオッシュコットン《クロッシェ》（ロイヤルブルー）

●＝ベロアリボン通し位置

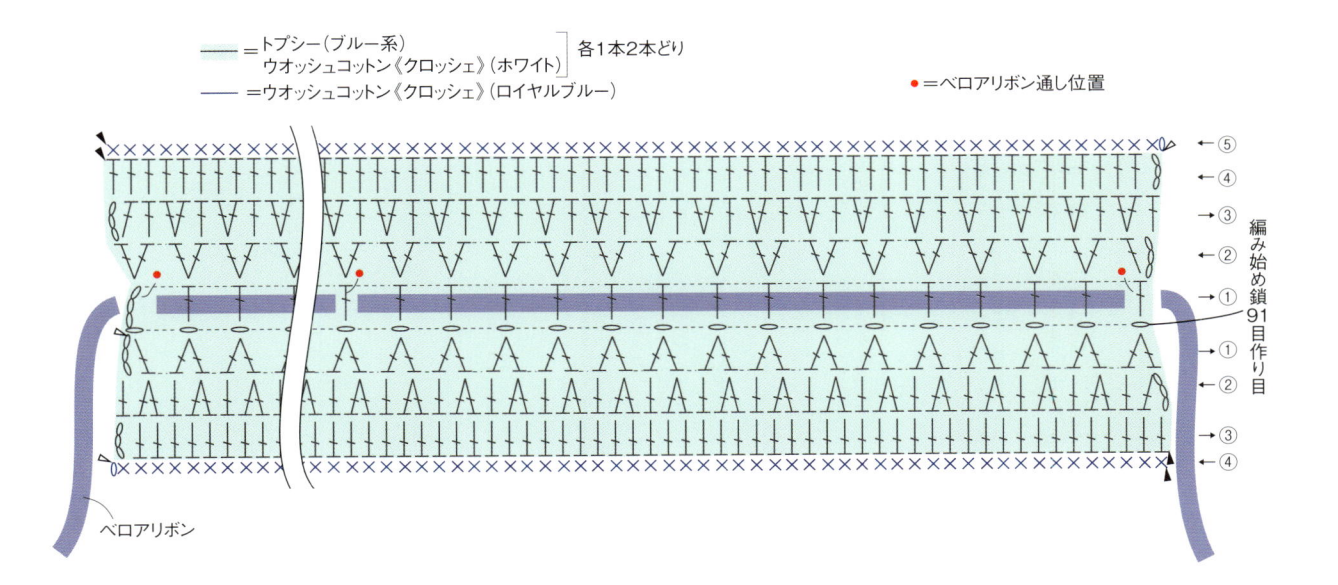

73

糸

ハマナカ 洗えるリネン/ペールブルー（9）29g、ペールピンク（7）6g

針

かぎ針6/0号

ゲージ（10cm角）

模様編み＝20目×6.5段

でき上がりサイズ

横幅5.5cm、長さ92cm

作り方

※糸は2本どり

1_ 鎖1目の作り目して模様編みで増し目をしながら5段、続けて51段増減なく編む。編み終わりは減目しながら5段編む。

配色表

───	ペールピンク2本どり
───	ペールピンク／ペールブルー 各1本2本どり
───	ペールブルー2本どり

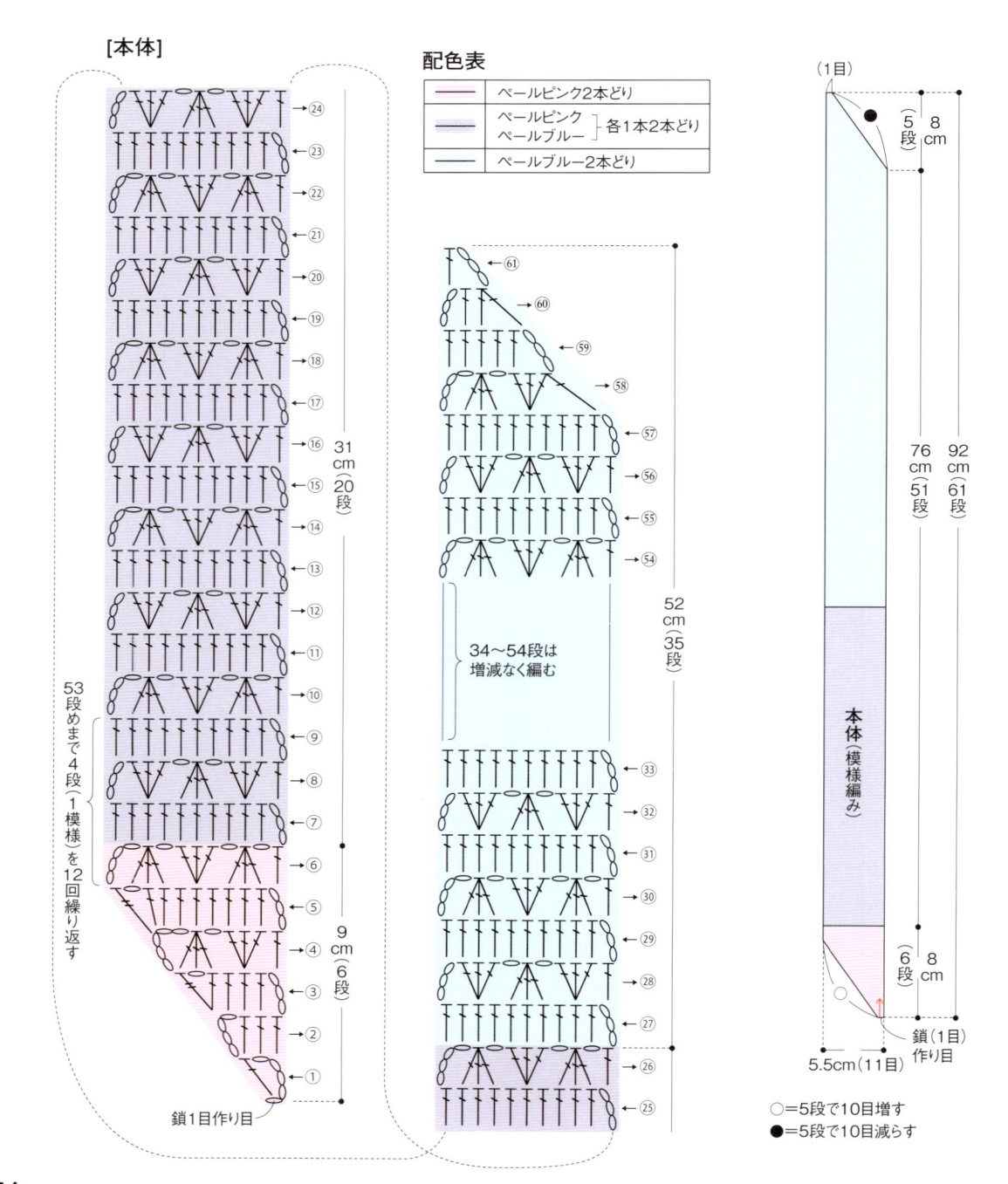

[本体]

31cm（20段）

53段めまで4段（1模様）を12回繰り返す

9cm（6段）

鎖1目作り目

34～54段は増減なく編む

52cm（35段）

（1目）

76cm（51段）　92cm（61段）

8cm　5段

本体（模様編み）

6段　8cm

鎖（1目）作り目

5.5cm（11目）

○＝5段で10目増す

●＝5段で10目減らす

キラキラミニショルダーバッグ

PHOTO_*P.30-31*

【糸】

DARUMA ラメのレース糸#30/シルバー(2) 20g
DARUMA カーリーコットン/ミストホワイト(1) 20g
DARUMA ニッティングコットン/ペールピンク(4) 少々
DARUMA フロレット/シェルピンク(2) 少々

【針】

かぎ針5/0号

【ゲージ（10cm角）】

模様編み=25.5目15段

【でき上がりサイズ】

幅16cm、深さ17cm

【作り方】

1_ ラメのレース糸とカーリーコットンの2本どりで作り目をし、鎖の両側から目を拾い、細編みで輪に編む。

2_ 続けて模様編みと長編みを必要段数編み、最終段は細編みを1段編む。

3_ ニッティングコットンとフロレットの2本どりで持ち手を2本編み、指定カ所に縫いつける。

4_ ラメのレース糸1本で飾りのリボンを5本編み、指定位置に結びつける。

5_ ラメのレース糸2本どりでストラップを編み、指定位置に結びつける。

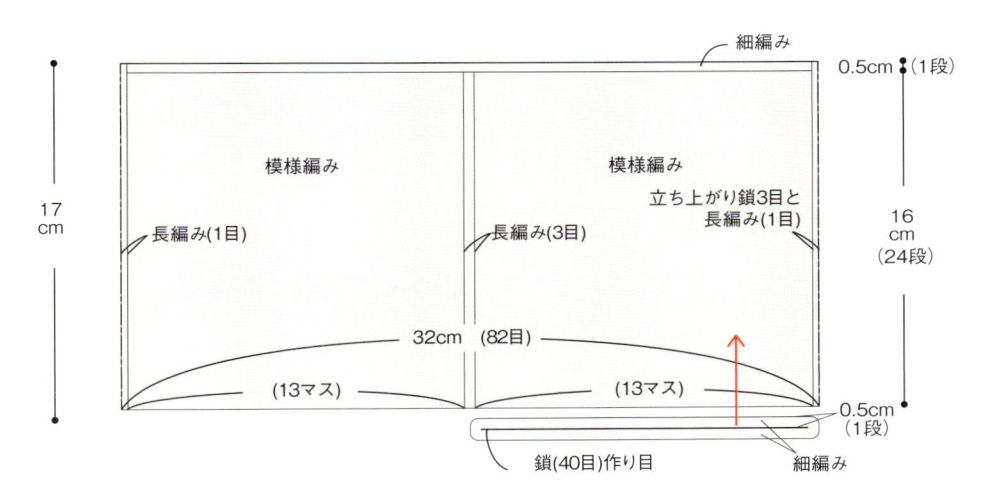

[本体]
ラメのレース糸（シルバー）
カーリーコットン（ミストホワイト） 各1本2本どり

細編み
0.5cm（1段）

模様編み
模様編み
立ち上がり鎖3目と
長編み（1目）

17cm
16cm（24段）

長編み（1目）
長編み（3目）

32cm（82目）
（13マス）
（13マス）

0.5cm（1段）
鎖(40目)作り目
細編み

[持ち手] 2本
ニッティングコットン（ペールピンク）
フロレット（シェルピンク） 各1本2本どり

スレッドコード（p.59参照）43目で約28cmのハンドルを2本編む

鎖43目の作り目
約28cm（43目）

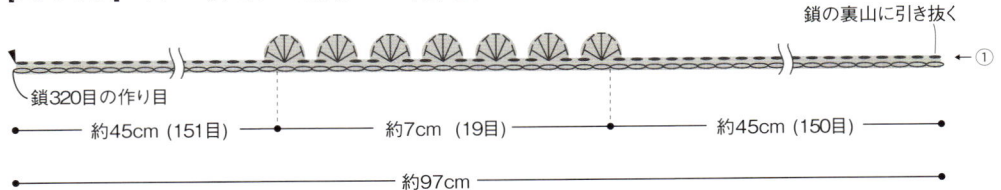

[ストラップ] 1本　ラメのレース糸（シルバー）2本どり

鎖の裏山に引き抜く

①

鎖320目の作り目
約45cm（151目）
約7cm（19目）
約45cm（150目）

約97cm

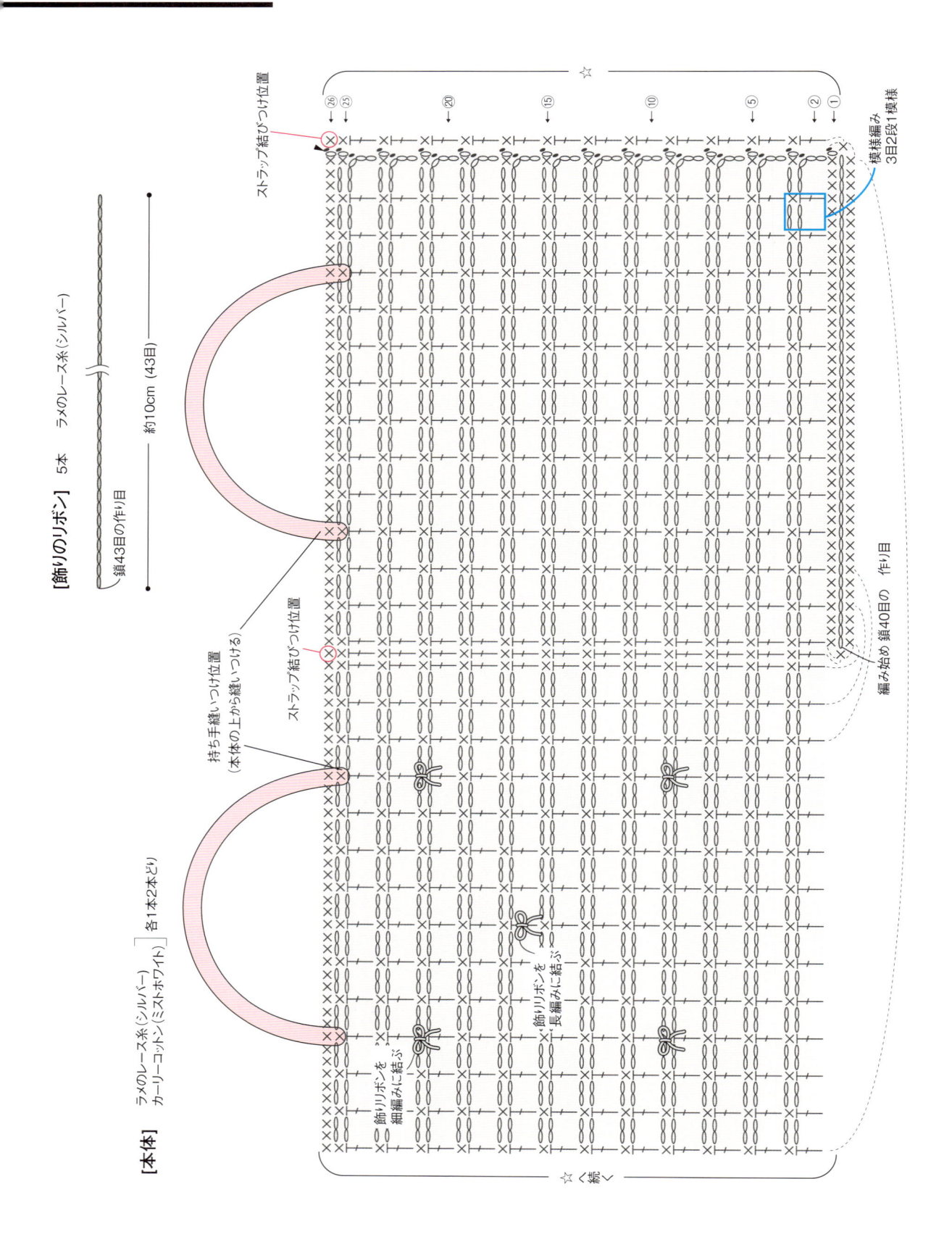

[飾りのリボン] 5本　ラメのレース糸（シルバー）

鎖43目の作り目

約10cm（43目）

ストラップ結びつけ位置

持ち手縫いつけ位置
（本体の上から縫いつける）

ストラップ結びつけ位置

編み始め鎖40目の　作り目

模様編み
3目2段1模様

㉖　㉓　　　　㉚　　　㉕　　　⑩　　　⑤　　㉒①

飾りリボンを
細編みに結ぶ

飾りリボンを
長編みに結ぶ

[本体]　ラメのレース糸（シルバー）
　　　　カーリーコットン（ミストホワイト）　各1本2本どり

☆〈続〉

ストラップ＆ショルダーストラップ

PHOTO_P.**32-33**
POINT LESSON_P.**43-44**

糸

ショルダーストラップ
ハマナカ ウオッシュコットン/ベージュ(2) 18g
ハマナカ 弥生/赤〜緑系(1) 14g

ストラップ
ハマナカ ウオッシュコットン/ペールブルー(7) 4g
ハマナカ コトーネツィード/ホワイト系(1) 3g

針

かぎ針6/0号

ゲージ（10㎝角）

ショルダーストラップ　模様編み＝18.5目8段
ストラップ　模様編み＝17目8段

でき上がりサイズ

ショルダーストラップ　幅3cm、長さ125cm
ストラップ　幅2.5cm、長さ24cm

作り方

ショルダーストラップ

1_ 本体は編み始めの糸を約50cm残しておき、ウオッシュコットンと弥生の2本どりで鎖の作り目をし、模様編みを編む。編み終わりの糸も約50cm残してカットする。

2_ 弥生1本どりで縁編みを編む(p.43参照)。

3_ 本体の編み始めと編み終わりで残しておいた糸で、本体にナスカンを細編みで編みくるみながらつける(p.44参照)。

ストラップ

1_ ウオッシュコットンとコトーネツィードの引き揃えで、編み始めに糸端を50cm残して鎖41目作り目し、模様編みを2段編み込んで、編み終わりは糸端50cm残してカットする。

2_ 残しておいた糸端で本体にナスカンを細編みで編みつける(p.43参照)。

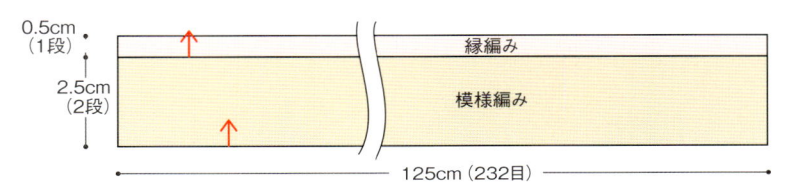

[ショルダーストラップ]

中長編みは細編みの足に編む

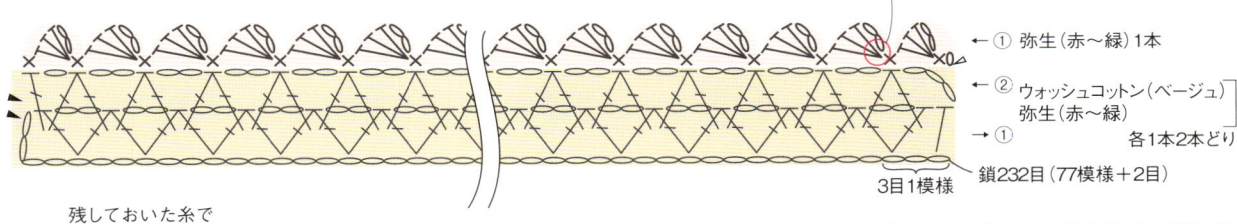

← ① 弥生（赤〜緑）1本
← ② ウオッシュコットン（ベージュ）
→ 弥生（赤〜緑）
　各1本2本どり
3目1模様　鎖232目（77模様＋2目）

※編み始めと編み終わりの糸は各約50cm残しておく

残しておいた糸で
ナスカンに細編みを編みつける
(p.44参照)

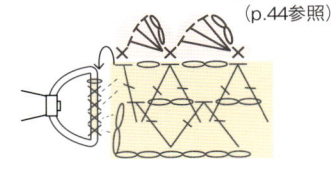

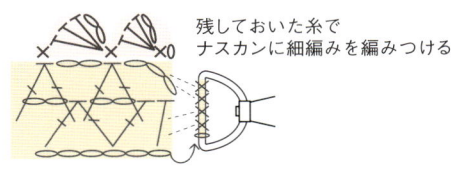

残しておいた糸で
ナスカンに細編みを編みつける

[ストラップ]

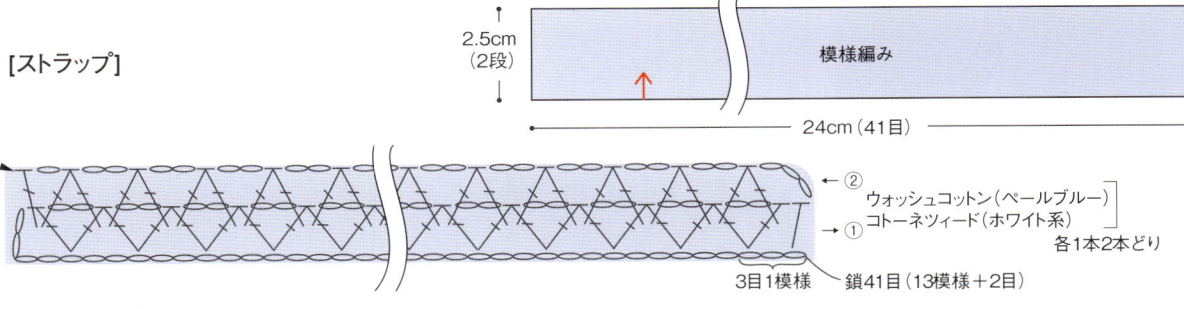

← ② ウオッシュコットン（ペールブルー）
→ ① コトーネツィード（ホワイト系）
　各1本2本どり
3目1模様　鎖41目（13模様＋2目）

※編み始めと編み終わりの糸は各約50cm残しておく

残しておいた糸で
ナスカンに細編みを編みつける（p.44参照）

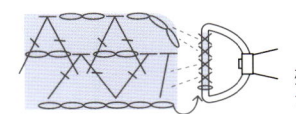

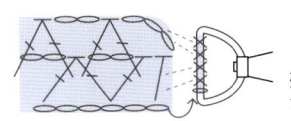

残しておいた糸で
ナスカンに細編みを編みつける

かぎ針編みの記号

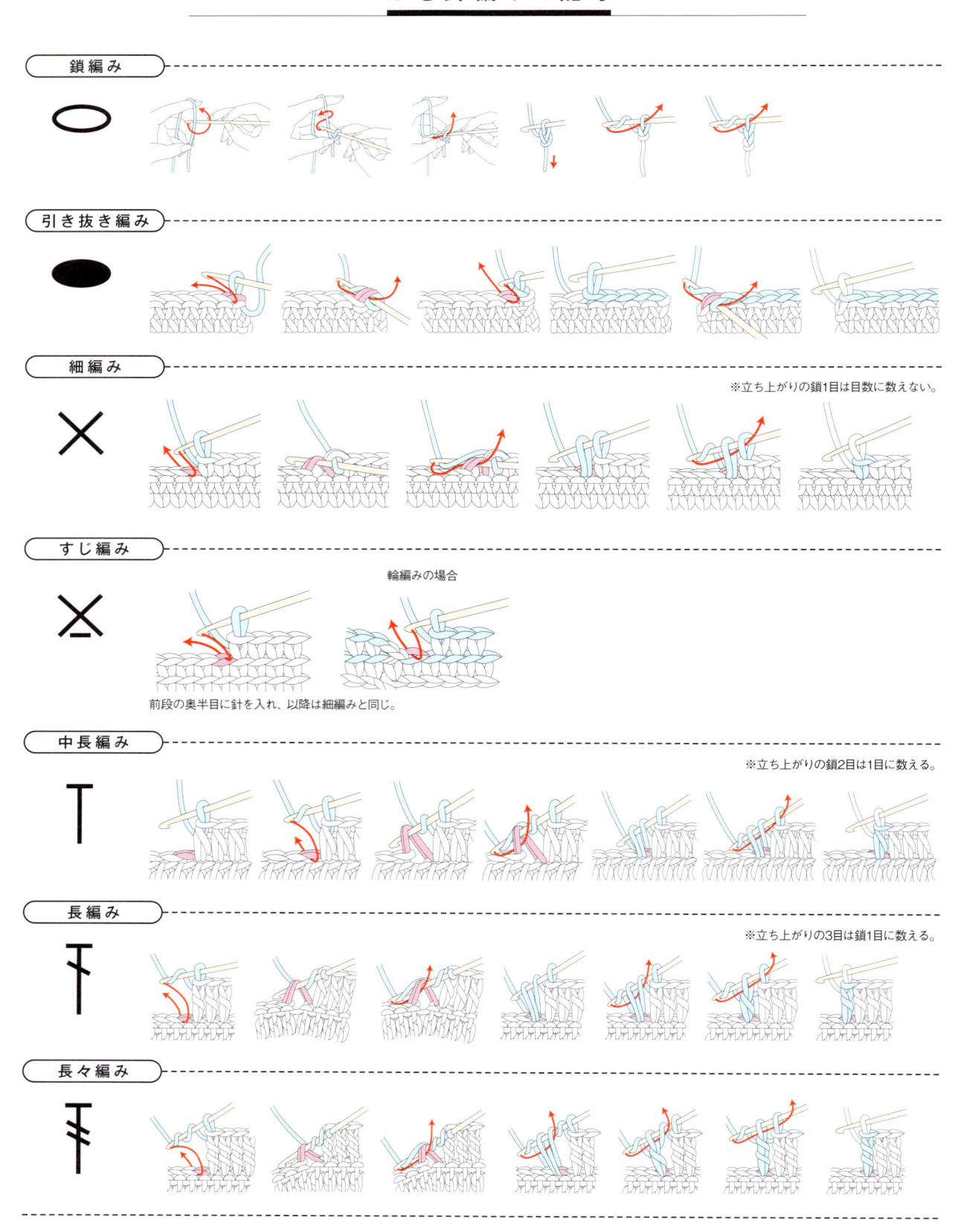

鎖編み

引き抜き編み

細編み

※立ち上がりの鎖1目は目数に数えない。

すじ編み

輪編みの場合

前段の奥半目に針を入れ、以降は細編みと同じ。

中長編み

※立ち上がりの鎖2目は1目に数える。

長編み

※立ち上がりの3目は鎖1目に数える。

長々編み

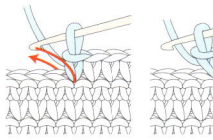

同じ目にこま編み2目を編み入れる。

↓未完成の細編み1目

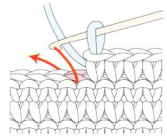
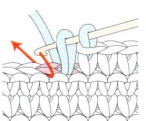
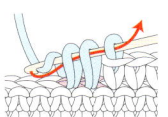
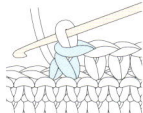

矢印の位置に未完成の細編みを2目編み、糸をかけ一度に引き抜く。

長編み2目編み入れる

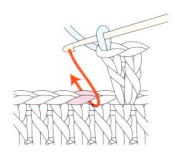
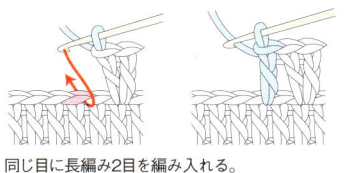
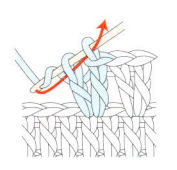

同じ目に長編み2目を編み入れる。

長編み3目編み入れる

長編み2目編み入れると同要領で、1段前の頭の目に指定の数の長編みを編み入れる。

長編み2目編み入れる（束に拾う）

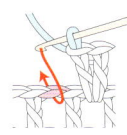
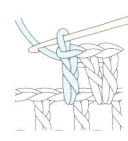
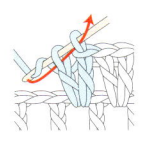

記号の足の部分がつながっていない記号は束に拾う

長編み2目一度

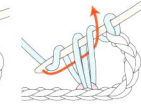
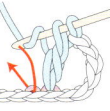
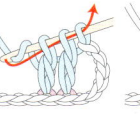

矢印の位置に未完成の長編みを2目編み、糸をかけ一度に引き抜く。

長編み3目一度

長編み2目一度と同要領で、1段前の頭の目に指定の数の長編みを編み入れる。

長編みの表引き上げ編み

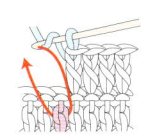
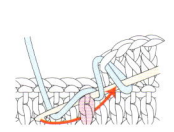
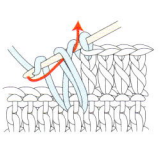
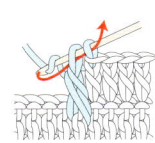
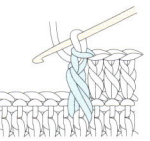

前段の目の足を表側からすくい、長編みを編む。

長編みの裏引き上げ編み

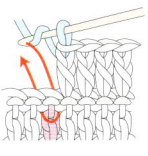
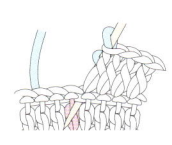
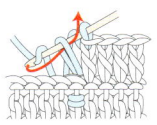
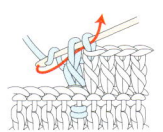
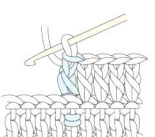

前段の目の裏側から針を入れ、長編みを編む。

長編みの3目の玉編み

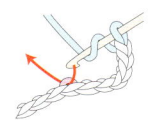

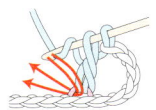
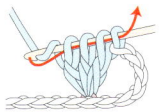

同じ目に未完成の長編み3目編み入れる。　　未完成の長編み3目を引き抜く。

玉編み

玉編みは、中長編みの玉編みや目数が2～5目の玉編みも同要領で編む。

作品デザイン・制作

池上　舞

今井昌子

日向明子

星野真美

colal 岡崎優菜

KiiTEEKiiTEEKiiTEE

tiny C knit 石井千恵美

pommex

Staff

ブックデザイン	草野リカ
撮影	鏑木希実子、天野憲仁（日本文芸社）
スタイリング	高上未菜
ヘアメイク	吉川陽子
モデル	paulina
原稿整理	奥住玲子、加藤千絵、佐々木初枝
トレース	奥住玲子、加藤千絵、小池百合穂
プロセス指導	奥住玲子
校正	佐々木初枝

撮影協力

アウターリミッツ tel.03-5413-6957

エドウイン・カスタマーサービス tel.0120-008-503

グラストンベリー ショールーム tel.03-6231-0213

ティッカ URL ticca.jp

ノンブルアンペール吉祥寺パークストア tel.0422-26-8300

ネストローブ 渋谷店 tel.03-6416-3771

ビューカリック＆フロリック tel.03-5794-3553

メイデン・カンパニー tel.03-5410-9777

素材協力

ハマナカ株式会社

京都府京都市右京区花園藪ノ下町2番地の3

tel.075-463-5151（代表）

http://hamanaka.co.jp

横田株式会社 [DARUMA]

大阪府大阪市中央区南久宝町2-5-14

tel.06-6251-2183

http://daruma-ito.co.jp/

かぎ針で編む 引き揃え編みのニット

2025年2月20日　第1刷発行

編　者　日本文芸社
発行者　竹村　響
印刷所　株式会社文化カラー印刷
製本所　大口製本印刷株式会社
発行所　株式会社 日本文芸社
　　　　〒100-0003 東京都千代田区一ツ橋1-1-1 パレスサイドビル8F

乱丁・落丁本などの不良品、内容に関するお問い合わせは、小社ウェブサイトお問い合わせフォームまでお願いいたします。
URL https://www.nihonbungeisha.co.jp/

Printed in Japan
112250207-112250207 Ⓝ 01（201136）
ISBN978-4-537-22268-5
©NIHONBUNGEISHA 2025
編集担当　和田